ADVOCACIA & BIOÉTICA

2

ADVOCACIA & BIOÉTICA

CINTIA COUTINHO CABRAL
LEANDRO GARCIA ALVARADO
LUIS HONORIO
MARIANA DE ANGELO SILVA ALEGRE

RENATA BERNARDIS
TATIANA GIORGINI FUSCO CAMMAROSANO
VICTORIA ELAGE RODRIGUES
ZENAIDE GUERRA

DIREITO REGU— LATÓRIO

ORG. **Mariana De Angelo Alegre**
COORD. **Henderson Fürst**

VOL. **2**

Copyright © 2023 by Editora Letramento

Diretor Editorial Gustavo Abreu
Diretor Administrativo Júnior Gaudereto
Diretor Financeiro Cláudio Macedo
Logística Daniel Abreu e Vinícius Santiago
Comunicação e Marketing Carol Pires
Assistente Editorial Matteos Moreno e Maria Eduarda Paixão
Designer Editorial Gustavo Zeferino e Luís Otávio Ferreira

Conselho Editorial Jurídico

Alessandra Mara de Freitas Silva
Alexandre Morais da Rosa
Bruno Miragem
Carlos María Cárcova
Cássio Augusto de Barros Brant
Cristian Kiefer da Silva
Cristiane Dupret

Edson Nakata Jr
Georges Abboud
Henderson Fürst
Henrique Garbellini Carnio
Henrique Júdice Magalhães
Leonardo Isaac Yarochewsky
Lucas Moraes Martins

Luiz F. do Vale de Almeida Guilherme
Marcelo Hugo da Rocha
Nuno Miguel B. de Sá Viana Rebelo
Onofre Alves Batista Júnior
Renata de Lima Rodrigues
Salah H. Khaled Jr
Willis Santiago Guerra Filho

Todos os direitos reservados. Não é permitida a reprodução desta obra sem aprovação do Grupo Editorial Letramento.

Dados Internacionais de Catalogação na Publicação (CIP)
Bibliotecária Juliana da Silva Mauro - CRB6/3684

D598

Direito regulatório / Victoria Elage Rodrigues [...] et al. ; coordenação de Henderson Fürst. - Belo Horizonte : Casa do Direito, 2023.
v. 2 : 104 p. : il. ; 23 cm. - (Advocacia e Bioética)
Inclui Bibliografia.
ISBN 978-65-5932-401-9

1. Direito regulatório. 2. (Des)regulação. 3. Capacidade civil. 4. Marcos regulatórios; 5. Bioética. I. Rodrigues, Victoria Elage [...] et al. II. Fürst, Henderson (coord.). III. Título.
CDU: 346.51   CDD: 341.3782

Índices para catálogo sistemático:
1. Direito regulatório 346.51
2. Direito regulatório 341.3782

LETRAMENTO EDITORA E LIVRARIA
Caixa Postal 3242 – CEP 30.130-972
r. José Maria Rosemburg, n. 75, b. Ouro Preto
CEP 31.340-080 – Belo Horizonte / MG
Telefone 31 3327-5771

É O SELO JURÍDICO DO
GRUPO EDITORIAL LETRAMENTO

- 7 **INTRODUÇÃO**
- 9 **A (DES)REGULAÇÃO DA (IN)CAPACIDADE CIVIL NO ORDENAMENTO JURÍDICO PÁTRIO**
  Victoria Elage Rodrigues
- 17 **CIRURGIA - ASSISTÊNCIA ROBÓTICA - RECUSA DA OPERADORA DE SAÚDE - ILEGALIDADE**
  Cintia Coutinho Cabral
- 27 **MARCOS REGULATÓRIOS DAS POLÍTICAS PÚBLICAS SOCIAIS E DE SAÚDE PARA A PESSOA IDOSA À LUZ DA CONSTITUIÇÃO FEDERAL DE 1988**
  Leandro Garcia Alvarado
- 43 **O MARCO REGULATÓRIO DE SUPLEMENTOS ALIMENTARES - REFLEXÕES DO QUADRIÊNIO**
  Mariana De Angelo Silva Alegre
- 65 **OS DIREITOS FUNDAMENTAIS DA PRIMEIRA INFÂNCIA, A BIOÉTICA E A SEGURANÇA ALIMENTAR: UMA RELAÇÃO NECESSÁRIA**
  Zenaide Guerra
- 87 **RECUSA DE SEGURO PARA FINANCIAMENTO IMOBILIÁRIO POR DOENÇA PRÉ-EXISTENTE**
  Tatiana Giorgini Fusco Cammarosano
- 97 **SELEÇÃO DE RISCO - DA ARBITRARIEDADE À IMORALIDADE**
  LUIS HONORIO
  RENATA BERNARDIS

INTRODUÇÃO

A vocação da Comissão Especial da Biodireito e Bioética da OAB-SP é debruçar-se sobre temas de alta complexidade e de intrínseca multidisciplinariedade para que justiça e saúde possam ser alcançadas em sua plenitude. O Volume 2 de sua coleção apresenta o Biodireito sobre a ótica do Direito Regulatório. E o resultado não poderia ser mais interessante: uma diversa gama de abordagens sobre a regulação da saúde em seus mais diferentes aspectos.

Iniciamos o debate sobre as oportunidades de regulação sobre a incapacidade civil no Brasil, tema que não raro está associado à condição de saúde do indivíduo. Reflete-se, então, sobre as recentes mudanças que impactam a cobertura sobre cirurgia robótica pelos planos de saúde. Com o pujante envelhecimento da população, a análise sobre os marcos regulatórios das políticas públicas sociais e de saúde para a pessoa idosa à luz da Constituição Federal, já também madura nos seus 35 anos de existência, é crucial para sustentabilidade da sociedade que nos aguarda na brevidade.

Com relação à regulação de bens sanitários, tem-se uma grande incursão sobre como foi a transformação do Marco Regulatório de Suplementos Alimentares no Brasil, tendo como ponto de partida os parâmetros internacionais, científicos e as violações consumeristas em que o antigo marco estava mergulhado, e como o Brasil conseguiu brilhantemente reformular o seu regulamento e ainda influenciar positivamente algumas regulações na América Latina.

Ainda no campo nutricional, o Marco Regulatório da Primeira Infância abordou com esmero a importância da nutrição infantil para que não se perca a janela de desenvolvimento que pode impulsionar o futuro e elevar o potencial de todo o país em médio prazo.

Estando a saúde no rol dos direitos sociais, debateu-se, a seguir, a recusa de financiamento imobiliário ante a pré-existência de enfermidade, com o estudo de casos e súmulas que versam sobre a sua ilicitude. E por ocasião da contratação de planos de saúde, a obra apresenta seu fechamento pela discussão da arbitrariedade e imoralidade que imperam na seleção de risco de pacientes, bem como seus efeitos deletérios.

Convidamos, então, o leitor a essa jornada de defesa da dignidade humana em nossa sociedade tão transformada pela recente crise sanitária e tão fragilizada pela ausência de quem a pudesse compreender. O conhecimento aqui disseminado seguramente ajudará em reflexões e a tomadas de decisões profissionais que elevarão o padrão das discussões jurídicas envolvendo regulações de saúde.

MARIANA DE ANGELO ALEGRE
Coordenadora do Grupo de Trabalho de Direito Regulatório
Comissão Especial de Bioética e Biodireito – OAB-SP

A (DES)REGULAÇÃO DA (IN)CAPACIDADE CIVIL NO ORDENAMENTO JURÍDICO PÁTRIO

VICTORIA ELAGE RODRIGUES[1]

Para se conceituar a capacidade civil se faz relevante, a princípio de qualquer coisa, a diferenciação de três conceitos complementares. Por isso, passa-se a definir as noções de personalidade jurídica, capacidade jurídica e capacidade civil.

A personalidade jurídica se revela como um preceito generalizado, absoluto e intrínseco ao ser humano. Nas palavras de Plablo Stolze e Rodolfo Pamplona Filho, é a aptidão genérica para titularizar direitos e contrair obrigações, ou, em outros termos, é o atributo para ser sujeito de direito[2].

A capacidade jurídica, por sua vez, é uma consequência da personalidade jurídica e se constitui de relatividade. Conforme ensinado por Marcos Bernardes de Mello, é a aptidão que o ordenamento jurídico atribui às pessoas, em geral, e a certos entes, em particular, estes formados por grupos de

---

[1] Advogada formada pela Universidade Presbiteriana Mackenzie, Pós graduada em Direito de Família e Sucessões pela Escola Paulista de Direito e membra efetiva da Comissão Especial de Bioética e Biodireito da OAB/SP.

[2] GAGLIANO, Pablo Stolze - Manual de direito civil; volume único / Pablo Stolze Gagliano e Rodolfo Pamplona Filho. – São Paulo: Saraiva, 2017. p.42.

pessoas ou universalidades patrimoniais, para serem titulares de uma situação jurídica[3].

Já a capacidade civil, compreensão esta que será tratada mais profundamente no presente artigo, é o comportamento da capacidade jurídica na esfera civil, conforme a regulação dos atos da vida cotidiana. Ela (a capacidade civil) está definida pelo primeiríssimo artigo do Código Civil, que expõe que toda pessoa é capaz de direitos e deveres na ordem civil[4]. Assim sendo, a capacidade de gozar de direitos e deveres é um atributo de todos.

Como conclusão, tem-se que a capacidade civil da pessoa decorre de sua personalidade, ou seja, uma vez adquirida a personalidade jurídica, o indivíduo se capacita a ser titular de direitos e obrigações.

No entanto, é importante frisar que a capacidade versada até aqui trata-se da capacidade civil de direito, isto é, aquela que é inerente à personalidade e que só se perde com a morte.

Há, contudo, outro tipo de capacidade, denominada capacidade de fato ou de exercício, que está relacionada com o exercício dos atos próprios da vida civil. Trocando em miúdos, a capacidade de fato é a fruição, nos atos da vida civil, da capacidade de direito. É nesse cenário (do gozo de ambas as espécies de capacidade) que a capacidade civil plena é atingida.

Diferentemente da capacidade de direito, nem toda pessoa possui a capacidade de fato. Em tais casos – excepcionais, frise-se - está-se diante do instituto da incapacidade.

Referida limitação da capacidade de fato do indivíduo – ou, singelamente, a incapacidade - pode ser total ou parcial, mas jamais pode ser presumida. Assim, tem-se que, como regra, o

---

[3] MELLO, Marcos Bernardes de. - Achegas para uma Teoria das Capacidades em Direito. Revista de Direito Privado, São Paulo: RT, jul./set. 2000. p. 17.

[4] Código Civil. Art. 1º - Toda pessoa é capaz de direitos e deveres na ordem civil.

indivíduo é capaz e sua capacidade somente pode ser limitada nos casos expressamente taxados pelo texto legal.

No direito civil brasileiro, o instituto da incapacidade vem sofrendo alterações, especialmente desde que constituído o Estatuto da Pessoa com Deficiência (Lei nº 13.146/2015). Referido Estatuto foi fundamental para alterar, ao menos em parte, a visão patrimonialista que até então escorava o sistema de incapacidades.

Ato contínuo, a legislação até então existente sobre a incapacidade civil se dava sob o enfoque dos atos e negócios jurídicos praticados, enquanto deveria contemplar a proteção dos interesses da própria pessoa humana cuja capacidade se discute.

É exatamente nesse sentido a crítica tecida por Flávio Tartuce, que defende que o sistema de incapacidade anterior não protegia a pessoa em si, mas os negócios e atos praticados, em uma visão excessivamente patrimonialista[5].

Foi diante de tal contexto que a Lei nº 13.145/2015 alterou o artigo 3º do Código Civil para que apenas os menores de 16 anos fossem considerados absolutamente incapazes. Os incisos do artigo 3º foram revogados, de modo a impedir que a incapacidade absoluta fosse aplicada àqueles que, por enfermidade ou deficiência intelectual, não têm o necessário discernimento para a prática desses atos, bem como aos que, mesmo que por causa transitória, não podem exprimir sua vontade.

Portanto, independentemente da condição de saúde física e/ou mental, a pessoa menor de 16 anos passou a ser sempre absolutamente incapaz sob o prisma jurídico.

Por corolário lógico, qualquer outra condição que importe na capacidade civil do indivíduo, acarretará, no máximo, em incapacidade relativa. Não há mais a possibilidade de uma

---

5 TARTUCE, Flávio - Manual de direito civil: volume único I Flávio Tartuce. 6. ed. rev., atual. e ampl. - Rio de Janeiro: Forense; São Paulo: MÉTODO, 2016. p. 112.

pessoa que possua mais de 16 anos de idade ser considerada absolutamente incapaz.

Por sua vez, o artigo 4º do Código Civil passou a trazer de forma exemplificativa os casos de incapacidade relativa, dentre eles, (i) os maiores de dezesseis e menores de dezoito anos; (ii) os ébrios habituais e os viciados em tóxico; (iii) aqueles que, por causa transitória ou permanente, não puderem exprimir sua vontade; (iv) os pródigos.

Ainda, e apenas a título de informação, a capacidade dos indígenas é tratada pelo Estatuto do Índio (Lei nº 6.001/1973), sendo que a assistência a eles dedicada é exercida pela FUNAI – Fundação Nacional do Índio.

A respeito disso (da alteração sofrida em decorrência do EPD), Pablo Stolze Gagliano e Rodolfo Pamplona Filho explanam[6]:

> Em verdade, o que o Estatuto pretendeu foi, homenageando o princípio da dignidade da pessoa humana, fazer com que a pessoa com deficiência deixasse de ser "rotulada" como incapaz, para ser considerada — em uma perspectiva constitucional isonômica — dotada de plena capacidade legal, ainda que haja a necessidade de adoção de institutos assistenciais específicos, como a tomada de decisão apoiada e, extraordinariamente, a curatela, para a prática de atos na vida civil.

Sob o prisma conceitual, ao passo que o absolutamente incapaz não possui nenhum discernimento para a prática dos atos da vida civil, o relativamente incapaz possui um certo grau de discernimento.

Assim, como reflexo no campo jurídico, tem-se que o absolutamente incapaz precisa ser representado, sob pena de nulidade absoluta dos atos praticados, enquanto o relativamente incapaz precisa ser assistido na prática dos atos da vida civil, sob risco de anulabilidade dos atos.

---

[6] GAGLIANO, Pablo Stolze - Manual de direito civil; volume único / Pablo Stolze Gagliano e Rodolfo Pamplona Filho. – São Paulo: Saraiva, 2017. p. 51.

São por meio desses mecanismos jurídicos de representação ou de assistência que os incapazes conseguem, em teoria, ter a segurança necessária nos atos da vida civil, possibilitando o exercício dos seus direitos. É o que leciona Carlos Roberto Gonçalves[7]:

> Com o intuito de protegê-las, tendo em vista as suas naturais deficiências, decorrentes, na maior parte, da idade, da saúde e do desenvolvimento mental e intelectual, a lei não lhes permite o exercício pessoal de direitos, exigindo que sejam representadas ou assistidas nos atos jurídicos em geral.

No entanto, apesar de todas as alterações sofridas pelo ordenamento jurídico brasileiro no que tange à teoria das incapacidades, o presente artigo visa, substancialmente, apontar e levantar questionamentos acerca da desproteção que ainda permeia o tema, visto que a reconstrução jurídica que se operou trata-se de uma mudança essencialmente paradigmática, senão ideológica[8].

Ora, não há dúvidas que a transição do Código Civil de 1916 para o de 2002 representou um marco importante para um tratamento mais digno não só das pessoas com deficiência, mas também àqueles equivocadamente declarados como incapazes.

A título de exemplo, o art. 5º do Código Civil de 1916 incluía entre os absolutamente incapazes os menores de 16 anos, os "loucos de todo o gênero", os surdos-mudos que não podiam exprimir a sua vontade, além dos ausentes, assim declarados pelo Juiz. Na condição de relativamente incapazes, conforme o art. 6º, estariam os maiores de 16 e menores de 21 anos, as mulheres casadas, os pródigos e os silvícolas.

---

[7] GONÇALVES, Carlos Roberto - Direito civil, 1: esquematizado: parte geral: obrigações e contratos / Carlos Roberto Gonçalves; coordenador Pedro Lenza. – 6. ed. – São Paulo: Saraiva, 2016. p. 135.

[8] GAGLIANO, Pablo Stolze - Manual de direito civil; volume único / Pablo Stolze Gagliano e Rodolfo Pamplona Filho. – São Paulo: Saraiva, 2017. p. 50.

No que tange especificamente aos enfermos ou deficientes, verifica-se que a causa da incapacidade deixou de ser a doença, pura e simplesmente, para ser avaliada a partir do discernimento para a prática dos atos da vida civil.

A mudança ocorrida na transição dos referidos códigos promove indubitavelmente a dignidade da pessoa humana por retirar um dispositivo que impunha, como regra, a incapacidade ao indivíduo e instituir outro que apenas estabelece uma forma de reconhecer a eventual incapacidade.

Da análise da alteração do dispositivo, percebe-se que a mudança passa longe de ser meramente textual, na medida em que passa a tratar a pessoa com deficiência como digna de capacidade de direito por regra, promovendo a dignificação do tratamento dessas pessoas na esfera civil.

Apesar disso, e na contramão de sua função principal, o Estatuto da Pessoa com Deficiência, ao alterar o rol de incapacidades do córtex civil para impedir ou dificultar o reconhecimento da incapacidade, também impediu que uma pessoa que, de fato está em condição de hipossuficiência, goze da devida proteção legal.

Ainda sob a visão assertiva de Carlos Roberto Gonçalves[9]:

> Pretendeu o legislador, com essas inovações, impedir que a pessoa deficiente seja considerada e tratada como incapaz, tendo em vista os princípios constitucionais da igualdade e da dignidade humana. Todavia, têm elas sido objeto de pesadas críticas formuladas pela doutrina, pelo fato, principalmente, de desproteger aqueles que merecem a proteção legal.

O questionamento que reverbera é sobre até que ponto a busca da inclusão e da dignidade da pessoa hipossuficiente não acarretou, na seara fática, a desproteção da mesma.

E isso porque a autonomia da pessoa deve ser considerada em abstrato, uma vez que seu objetivo é proporcionar con-

---

9 GONÇALVES, Carlos Roberto - Direito civil, 1: esquematizado: parte geral: obrigações e contratos / Carlos Roberto Gonçalves; coordenador Pedro Lenza. – 6. ed. – São Paulo: Saraiva, 2016. p. 136.

dições para que ela exerça os seus direitos, seja diretamente, assistida ou representada.

Em sentido contrário, impor capacidade a alguém ignorando a sua situação de vulnerabilidade não significa conferir autonomia a ela, mas sim desprotegê-la e acentuar mais ainda a sua vulnerabilidade, o que certamente não promove a dignidade da pessoa humana.

Como forma de resolução, através de interpretação literal, bastaria conferir as mesmas condições a todas as pessoas, indistintamente. Entretanto, essa interpretação conferiria apenas a igualdade formal, ou seja, esse entendimento resultaria em uma mera aparência de igualdade.

As lições de Pedro Lenza são fundamentais para a interpretação de tal temática[10]:

> Essa busca por uma igualdade substancial, muitas vezes idealista, reconheça-se, eterniza-se na sempre lembrada, com emoção, Oração aos Moços, de Rui Barbosa, inspirada na lição secular de Aristóteles, devendo-se tratar igualmente os iguais e desigualmente os desiguais na medida de suas desigualdades.

Seguindo na toada da lição secular, tem-se que o tratamento desigual não importa necessariamente em desigualdade. Mas o tratamento diferenciado deve se guiar por regras e parâmetros definidos em lei. Inexistindo tais parâmetros, impera-se a desigualdade fática e a insegurança jurídica.

Indubitável, portanto, que o ordenamento jurídico carece de progresso no que diz respeito à proteção daqueles vulneráveis que precisam de capacidade e autonomia no campo civil.

É preciso, de forma categórica, desatar os nós que causam confusão entre as concepções sociológica e jurídica de incapacidade. Isto é, a incapacidade jurídica não se presta – e nem mesmo deveria – a enlear preconceito na esfera sociológica, mas tão somente a proteger aqueles que necessitam

---

[10] LENZA, Pedro - Direito constitucional esquematizado / Pedro Lenza. – 19. ed. rev., atual. E ampl. – São Paulo: Saraiva, 2015. p. 1.647.

de amparo ou suporte pela ausência de discernimento, em qualquer grau, temporariamente ou não.

Enquanto isso, o que se continuará observando é uma importante dicotomia entre a legislação e a aplicação da norma pela jurisprudência, o que gera ainda maiores conflitos, dúvidas e insegurança.

REFERÊNCIAS BIBLIOGRÁFICAS

MELLO, Marcos Bernardes de. - Achegas para uma Teoria das Capacidades em Direito. Revista de Direito Privado, São Paulo: RT, jul./set. 2000.

GAGLIANO, Pablo Stolze - Manual de direito civil; volume único / Pablo Stolze Gagliano e Rodolfo Pamplona Filho. – São Paulo: Saraiva, 2017.

TARTUCE, Flávio - Manual de direito civil: volume único I Flávio Tartuce. 6. ed. rev., atual. e ampl. - Rio de Janeiro: Forense; São Paulo: MÉTODO, 2016.

GONÇALVES, Carlos Roberto - Direito civil, 1: esquematizado: parte geral: obrigações e contratos / Carlos Roberto Gonçalves; coordenador Pedro Lenza. – 6. ed. – São Paulo: Saraiva, 2016.

LENZA, Pedro - Direito constitucional esquematizado / Pedro Lenza. – 19. ed. rev., atual. E ampl. – São Paulo: Saraiva, 2015.

CIRURGIA - ASSISTÊNCIA ROBÓTICA - RECUSA DA OPERADORA DE SAÚDE - ILEGALIDADE

CINTIA COUTINHO CABRAL[11]

1. ASPECTOS JURÍDICOS ACERCA DO TEMA

Mister, no que concerne a ilegalidade da recusa por parte das seguradoras de saúde em dar cobertura aos procedimentos, e cirurgias, realizados por meio de assistência robótica.

1.1. NOVA LEI ESTABELECE ROL EXEMPLIFICATIVO

Foi sancionado o Projeto de Lei nº 2.033, de 2022, que altera a Lei nº 9.656, de 3 de junho de 1998, que dispõe sobre os planos privados de assistência à saúde, para estabelecer critérios que permitam a cobertura de exames ou tratamentos de saúde que não estão incluídos no rol de procedimentos e eventos em saúde suplementar.

Segundo a Agência Nacional de Saúde Suplementar (ANS), o rol de procedimentos e eventos em saúde da consiste em

---

[11] Graduada em Direito pela Universidade Brás Cubas, Conciliadora e, Mediadora pela Justiça Federal da Terceira Região, Pós Graduada e Especialista em Direito Médico e da Saúde, Bioética pela Faculdade de Ciências Médicas Santa Casa de São Paulo (FCMSP), Membro Efetivo Regional da Comissão de Bioética e Biodireito da OAB/SP. Advogada. cintiacabral@adv.oabsp.org.br

uma lista, aprovada por meio de Resolução da Agência, que é atualizada, periodicamente, em que são elencados os procedimentos, exames e tratamentos com cobertura obrigatória pelos planos de saúde, conforme a segmentação assistencial do plano.

Essa lista serve como referência básica para a assistência prestada no âmbito da saúde suplementar acerca dos procedimentos e tratamentos que obrigatoriamente deveriam ser oferecidos, e que, até o momento, deixava a critério dos planos de saúde a concessão de exames e tratamentos não listados, que, em muitas situações, acabava sendo decidido pelo Poder Judiciário.

Ocorre que recentemente o Superior Tribunal de Justiça entendeu que esse rol, em regra, seria taxativo e que, portanto, as operadoras de saúde não estariam obrigadas a cobrirem tratamentos não previstos na lista, o que, segundo o Relatório Legislativo do Senado, poderia ensejar a descontinuidade de tratamentos hoje obtidos pelos beneficiários.

Com essa decisão, muitos beneficiários de planos de saúde suplementar foram acometidos dessa insegurança quanto à possibilidade de descontinuidade de seus tratamentos médicos, especialmente, àqueles que são portadores de doenças raras ou cujo problema de saúde demandaria várias intervenções médicas.

Assim, de acordo com o autor da proposição legislativa, sobreveio um clamor de entidades da sociedade civil, usuários dos planos de saúde e de especialistas, para que a atual legislação fosse alterada, de modo a garantir a continuidade de tratamentos de saúde que poderiam ser interrompidos e prejudicar severamente a saúde de muitas pessoas.

Nesse contexto, a proposição legislativa passa a permitir a cobertura, pela operadora de planos de assistência à saúde, de tratamento ou procedimento que não estejam previstos no rol de procedimentos e eventos em saúde, editado pela ANS, desde que exista a comprovação da eficácia, à luz das ciências da saúde, baseada em evidências científicas e plano terapêutico; ou que existam recomendações pela Comissão Nacional de Incorporação de Tecnologias no Sistema Único de Saúde - Conitec, ou de, no mínimo, um órgão de avaliação de tecnologias em saúde que tenha renome internacional, desde que sejam aprovadas também para seus nacionais.

Outra modificação importante é de que o texto passa a determinar que as pessoas jurídicas de direito privado que operam planos de assistência à saúde também estarão submetidas às disposições da Lei nº 8.078, de 11 de setembro de 1990 - Código de Defesa do Consumidor.

A sanção, portanto, é de uma iniciativa relevante para a população, uma vez que confere maior segurança ao usuário nos contratos de plano de saúde.[12]

1.2. RESOLUÇÃO DO CFM N° 2.311/2022 QUE REGULAMENTA A CIRURGIA ROBÓTICA NO BRASIL

No final do mês de março desse ano, o Conselho Federal de medicina publicou a regulamentação para os novos procedimentos cirúrgicos no Brasil com o uso de tecnologia robótica. Aprovada sua utilização desde 2008, pela ANVISA, a chancela do CFM vem reforçar os benefícios dessa plataforma para os pacientes.

A referida resolução trata essencialmente do treinamento, segurança, estrutura, e vantagens da cirurgia robótica para o paciente.

Vantagens da cirurgia robótica para o paciente:
- Diminuição da perda de sangue;
- Menor tempo de internação
- Cicatrizes menores a não necessidade de incisões amplas;

---

[12] https://www.gov.br/secretariageral/pt-br/noticias/2022/setembro/lei-estabelece-criterios-para-cobertura-de-tratamentos-nao-incluidos-no-rol-da-ans

- Redução da dor e da necessidade de medicação prolongada;
- Recuperação mais rápida e com menos complicações;
- Menor risco de infecção;
- Redução da necessidade de procedimentos adicionais.

Oito anos antes de ser aprovado pela Anvisa, o procedimento foi regulamentado nos Estados Unidos pelo FDA (*Food and Drug Administration*). Em 2015, foi regulamentado também pelo *National Institute for Health and Care Excellence* (NICE), em Nice, na França. Todos esses reconhecimentos esclarecem cada vez mais os pacientes de que as vantagens da cirurgia robótica são concretas.[13]

1.3. DA ABUSIVIDADE DA NEGATIVA PELAS OPERADORAS DE SAÚDE

É importante esclarecer que **se há indicação do médico especialista para cirurgia robótica, a negativa do plano de saúde, sob a alegação de que o procedimento não conta no Rol da ANS, é considerada abusiva** e não deveria ser impedimento para cirurgia.

O Tribunal de Justiça de São Paulo já tem entendimento pacificado no sentido, conforme **Súmula 102**: *"havendo expressa indicação médica é abusiva a negativa de cobertura e custeio de tratamento sob o argumento da sua natureza experimental ou por não estar previsto no rol de procedimentos da ANS".*

Se a cirurgia por meio robótico é o tratamento mais indicado para o paciente, não pode a seguradora negar cobertura ao referido procedimento, sob a alegação de que a técnica ou metodologia aplicada na cirurgia, robótica, não se encontra prevista no rol da ANS. A recusa imotivada da seguradora de

---

[13] https://portal.cfm.org.br/noticias/cfm-regulamenta-a-cirurgia-robotica-no-brasil/

saúde em cobrir o procedimento cirúrgico mostra-se abusiva, ensejando a obrigação de custar o tratamento.[14]

Ressaltamos que o profissional assistente tem a prerrogativa de determinar a conduta diagnóstica e terapêutica para os agravos à saúde sob sua responsabilidade, indicando em cada caso, a conduta em saúde e procedimentos mais adequados da pratica clínica, inclusive quanto as quantidades solicitadas.[15]

Ademais, caso a prescrição médica indique <u>urgência</u> no tratamento, conforme o artigo 35-C da Lei 9.656/98 prevê excepcionalidade, sendo obrigatória a cobertura de atendimento nos casos, *in verbis:*

> *"I - De emergência, como tal definidos os que implicarem risco imediato de vida ou de lesões irreparáveis para o paciente, caracterizado em declaração do médico assistente;*
> *II – De urgência, assim entendidos os resultantes de acidentes pessoais ou de complicações no processo gestacional; ..."*

Contudo, as orientações do Código de Defesa do consumidor estabelecem que a interpretação das cláusulas do contrato de plano de saúde, deverá ser aferida da maneira mais favorável ao consumidor, mormente quando há recomendação médica de tratamento de emergência. (CDC, artigo 47).

Esse é também o entendimento firmado pelo STJ, segundo a qual, **o plano de saúde não pode interferir no tipo de tratamento que o profissional responsável considerou adequado para alcançar a cura do paciente,** <u>sendo consideradas abusivas as cláusulas contratuais em contrário.</u>

---

14 Acórdão 1355412, 07138268220208070001, Relator: GETÚLIO DE MORAES OLIVEIRA, Sétima Turma Cível, data de julgamento: 14/7/2021, publicado no DJE: 29/7/2021.

15 https://www.gov.br/ans/pt-br/arquivos/acesso-a-informacao/transparencia-institucional/pareceres-tecnicos-da_ans/2020/parecer_tecnico_no_34_2021_tecnica_minimamente_invasiva_laser_navegador_robotica_escopias_radiofrequencia.pdf

Forte nessas razoes, impõe-se o reconhecimento da ilegalidade na negativa de realização do tratamento prescrito pelo médico assistente, mediante realização da cirurgia conforme metodologia sugerida, àquele inerente. A negativa viola completamente o princípio da boa-fé objetiva (CC, artigo 422), considerando que a própria natureza do contrato visa garantir e proteger a saúde do segurado.[16]

No que se refere ao reembolso, reforça-se que a utilização dos serviços fora da rede credenciada deve ser opção do consumidor, em respeito ao Código de Defesa do Consumidor. Caso não existam profissionais habilitados na rede credenciada e/ou houver recusa injustificada da seguradora ou do hospital conveniado, o reembolso pela utilização de rede não credenciada deve ser integral, pois o consumidor deve ter o direito inerente ao contrato de plano de saúde.[17]

2. DA CIRURGIA - ASSISTÊNCIA DE ROBÔ - ROBÓTICA E MÉTODOS MINIMAMENTE INVASIVOS

Entre os anos 2000 e 2020, observa-se um cenário em que os dispositivos médicos robóticos, tornaram-se uma essencial realidade nos cuidados de saúde, com muitas opções de dispositivos auxiliares para pessoas com deficiências funcionais.[18] Diante disso, as inovações tecnológicas revolucionaram também a forma como os procedimentos cirúrgicos são realizados. Cirurgias assistidas, por robôs, já são atualmente realidade em muitos hospitais ao redor do mundo. O que se convencionou chamar cirurgia robótica (ou assistida por

---

[16] Acórdão 1068640, 20160111211828APC, Relator: ROMULO DE ARAUJO MENDES, Primeira Turma Cível, data de julgamento: 6/12/2017, publicado no DJE: 24/1/2018.

[17] Acesse o PJe2 e confira o processo: 0713826-82.2020.8.07.0001

[18] Disponível em: http://ec.europa.eu/information_society/activities/health/docs/studies/robotics-final-report.pdf;

robô) representa a evidência do futuro da medicina e uma das conquistas mais notáveis da tecnologia médica.

Durante a cirurgia, o médico permanece num console, manuseando dois controladores gerais (*joysticks*) – e os movimentos das suas mãos são traduzidos pelo robô, em tempo real, em instrumentos dentro do paciente. Devido a maior flexibilidade dos braços robóticos em comparação as ferramentas laparoscópicas convencionais, o procedimento e a sutura podem ser executados com maior precisão. Estima-se que essa tecnologia já proporcionou a realização de cirurgias minimamente invasivas para mais de 6 milhões de pessoas ao redor do mundo.[19]

A Intuitive Surgical, empresa estadunidense fabricante do robô cirurgião chamado Da Vinci (*Da Vinci Surgical System*).[20] Até 2008, havia 3 robôs em atividade no Brasil; hoje, são quase 50 – e a quantidade tende a aumentar.[21] Em quatorze anos, de 2000 a 2013, apenas nos Estados Unidos foram realizadas 1.745.000 cirurgias robóticas.[22] Em hospitais brasileiros, já ocorreram mais de 17.000 cirurgias assistidas por robôs.

---

[19] Disponível em: https://www.davincisurgery.com/da-vinci-systems/about-da-vinci-systems##.

[20] Os esboços de Leonardo da Vinci, que foram descobertos na década de 1950, demonstraram o primeiro registro de um projeto de robô humanoide no chamado "Cavaleio Mecânico". Esse trabalho pode ser considerado como uma extensão de seu famoso estudo anatômico das proporções do corpo humano, em seus esboços do "homem Vitruviano". Tudo isso inspirou a empresa Intuitive Surgical, atual fabricante de robôs cirúrgicos, a nomear seu robô pelo nome desse gênio arquiteto e inventor italiano (KIM,Keith Chae, Robotics in General Surgery. Suíça: Springer, 2014. Ebook.).

[21] Disponível em: https://exameabril.com.br/negocios/dino/aumenta-o-numero-de-cirurgias-roboticas-no-brasil/.

[22] Disponível em: https://www.ncbi.nlm.nih.gov/pmc/articles/PMC4838256/>.

Entretanto, não se pode falar em tratamento experimental, "tratamento experimental é aquele em que não há comprovação médico-científica de sua eficácia". Destaca-se que, não pode ser considerado experimental, "um procedimento só porque utiliza de novas tecnologias", especialmente quando essa tecnologia é reconhecida pela ciência e, ainda, escolhida pelo médico como método mais adequado à preservação da integridade física e ao completo restabelecimento do paciente.[23]

Importante notar aqui o posicionamento pacífico do STJ: **o paciente não pode ser impedido de receber um tratamento com o método mais moderno em razão de cláusula limitativa da operadora.** É abusiva a negativa da utilização da técnica mais moderna disponível no hospital credenciado pelo convênio médico que assiste o paciente.

3. DA INCORPORAÇÃO DE NOVAS TECNOLOGIAS NA SAÚDE

Sobretudo, esse avanço na medicina em função das novas tecnologias, é algo que nós temos que aceitar, como uma decorrência do progresso, da modernidade, as tecnologias avançam, vejam, essa interação entre novas tecnologias e a medicina em favor do paciente. Existe o método convencional, e a cirurgia robótica, ou minimamente invasiva, a diferença de valor entre elas é de pelo menos o dobro, para as seguradoras de saúde, e/ou para o paciente.

A cirurgia robótica, quando houver expressa indicação do especialista, pode apresentar um risco bem inferior comparado ao risco da cirurgia convencional, *open surgery*, (cirurgia aberta), porque, o punho do robô gira 360°, em múltiplos eixos, e aquilo que a mão do cirurgião não poderia alcançar aquele pequeno instrumento de corte no braço do robô

---

[23] Decisão do Superior Tribunal de Justiça (REsp. 1.320.805/SP), de relatoria da Min. Isabel Gallotti

alcança. Quando se trata de extirpar um tumor maligno, a ressecção através da cirurgia robótica é mais precisa, tamanha é a sensibilidade desses instrumentos cirúrgicos robóticos.

Nos casos indicados de cirurgia robótica, deverá ser informado e esclarecido, o paciente, dessa opção cirúrgica, respeitando o dever de consentimento válido, cabendo responsabilidade civil na ausência de informações claras e completas, das implicações do procedimento menos invasivo – assistido por robô, dos possíveis melhores resultados; dos riscos reduzidos em casos específicos; da recuperação mais rápida; nos casos com indicação médica. Fundamentada a ampla utilização já reconhecida, atualmente, na área da cirurgia minimamente invasiva.[24]

---

[24] KFOURI NETO, Miguel; NOCAROLI, Rafaella. Debates Contemporâneos em Direito Médico e da Saúde, 2020 p. 34-67.

MARCOS REGULATÓRIOS DAS POLÍTICAS PÚBLICAS SOCIAIS E DE SAÚDE PARA A PESSOA IDOSA À LUZ DA CONSTITUIÇÃO FEDERAL DE 1988

LEANDRO GARCIA ALVARADO[25]

1. INTRODUÇÃO

A construção do arcabouço protetivo, que confere direitos para a população idosa brasileira, será analisada neste artigo em ordem cronológica, tendo como ponto de partida a Constituição Federal de 1988, marco regulatório que norteou todas as políticas públicas do Estado nos últimos 33 anos, passando pela criação da Política Nacional do Idoso (PNI), a promulgação do Estatuto do Idoso, a Política Nacional de Saúde da Pessoa Idosa (PNSPI) até os dias atuais (SILVA, 2021).

Considera-se uma pessoa idosa, para a Organização Mundial da Saúde (OMS), aquela maior de sessenta anos, entendimento igualmente presente na Lei nº 8.842/1994, em seu art.

---

[25] Doutorando em Fisiopatologia em Clínica Médica-FMB/UNESP. Graduando em Direito-ITE. Membro da Comissão-Bioética e Biodireito-OAB/SP.Farmacêutico. Mestre em Biotecnologia Médica-UNESP (2012). Especialista em Gestão em Saúde-CAPES/UNESP (2014) e Saúde do Adulto e Idoso-UNESP (2021).*E-mail:* leandroalvarado4@gmail.com [Fone: (14) 99660-3060].

2º. Entretanto, para uma ampliação da compreensão da velhice, faz-se necessário diferenciar o envelhecimento de um indivíduo quando comparado ao de uma população (ALCÂNTARA *et al.*, 2016). No primeiro caso, há um aumento contínuo, natural e irreversível da idade do cidadão desde o seu nascimento, enquanto que no envelhecimento populacional há uma correlação entre o número de idosos no total da população com a sua taxa de fecundidade que pode aumentar, estabilizar ou diminuir (MORAIS *et al.*, 2016). Deste modo, o processo de envelhecimento torna-se mais complexo do que apenas uma modificação de proporções de determinada população, pois altera de forma variável as estruturas familiares, políticas públicas elegíveis e a distribuição de recursos na sociedade que serão necessários a cada transição demográfica (SANTOS *et al.*, 2019).

Em 2030, estima-se que o Brasil terá a quinta maior população de idosos do mundo, o que equivale dizer que em menos de 10 anos teremos uma aumento significativo da procura por serviços especializados de saúde, transporte público, previdenciários, entre outros (IBGE, 2022). O país, deste modo, precisa rapidamente reavaliar a efetivação dos direitos adquiridos e diversificar as políticas públicas voltadas para esta parcela da população, garantindo o bem-estar do indivíduo longevo em todos os âmbitos: familiar, social, laboral e de saúde (ESCORSIM, 2021).

Deste modo, como instrumento para tomada de decisões futuras, torna-se vital sistematizar as principais políticas protetivas consolidadas, pontuar os marcos temporais em que ocorreram, identificar seus pontos fortes e classificar critérios para a efetivação de novas políticas na esfera nacional.

2. MÉTODO

Foi realizado um levantamento bibliográfico nas principais bases de dados em saúde, no período compreendido entre 2011 a 2021. Para a coleta de dados foram utilizados os Descritores em Ciências da Saúde (DECS), na seguinte estratégia de busca: (Política Pública OR Public Policy OR Política Pública, OR Politique publique OR Ação Afirmativa OR Ações Afirmativas OR Discriminação Positiva OR Igualdade de Oportunidade OR Igualdade de Oportunidades OR Política Demográfica OR Política Migratória OR Política Populacional OR Política Social OR Política de Controle da População OR Política de Imigração OR Políticas Públicas OR Proteção Social) AND ((Idoso OR Aged OR Anciano OR Sujet âgé OR Idosos OR Pessoa Idosa OR Pessoa de Idade OR Pessoas Idosas OR Pessoas de Idade OR População Idosa) OR (Saúde do Idoso OR Health of the Elderly OR Salud del Anciano OR Santé des Anciens OR Caderneta de Saúde da Pessoa Idosa OR Caderneta de Saúde do Idoso OR Saúde da Pessoa Idosa OR Saúde da Terceira Idade)) o que permite a reprodutibilidade dos dados obtidos.

Paralelamente, foi realizado um levantamento documental de decretos, leis, portarias e resoluções de âmbito nacional voltados para a pessoa idosa. A busca teve como desafio principal responder à questão: *"Quais foram os marcos regulatórios que nortearam as políticas públicas para os idosos desde a promulgação da Constituição Federal?"*.

Como critérios de seleção foram considerados os documentos que estavam dentro do recorte temporal de 2011 a 2021, nos idiomas português e inglês, que incluíam em seus resumos a temática do envelhecimento e dos direitos da pessoa idosa. Foram excluídos os artigos repetidos, os que estavam fora do período estipulado e os que se restringiram apenas ao tratamento de doenças, além dos documentos legais consultados.

3. DISCUSSÃO E RESULTADOS

3.1. MARCOS PROTETIVOS

3.1.1. CONSTITUIÇÃO FEDERAL DE 1988

A Constituição Federal (CF/88), promulgada no dia 5 de outubro de 1988, foi o grande marco da redemocratização do país após o fim do período da Ditadura Militar. Também conhecida como Constituição Cidadã, permitiu avanços sociais importantes, como a participação direta do cidadão na formulação de políticas públicas por meio dos conselhos de direitos do idoso, bem como ao contemplar direitos fundamentais específicos em seu texto, definindo um novo paradigma de proteção (LUIZA *et al.*, 2020). A cidadania e a dignidade da pessoa humana foram conjuntamente positivadas como fundamentos do Estado Democrático de Direito em seu artigo 1º, inciso III e ainda trouxe como objetivo norteador em seu artigo 3º, IV, promover o bem de todos, sem discriminação. Já em seu artigo 5º, lhe foi garantido o direito à vida, à liberdade, à igualdade, a segurança e a propriedade (BRASIL, 1988; BRASÍLIA, 2013).

A saúde, desde então, é um dos direitos sociais que mais preocupam a população idosa, uma vez que para alcançar o completo bem estar mental e social, bem como preconizados pela OMS, é preciso que haja investimentos maciços e constantes do Estado em educação, na melhora da alimentação, na oferta e acesso ao trabalho, na conquista da moradia, do lazer, da segurança, da previdência social, entre outros direitos que afetam consideravelmente a qualidade de vida dos idosos e que estão estabelecidos no artigo 6º, na forma desta Constituição (BATISTA; TEIXEIRA, 2021; BRASIL, 1988; ROTHENBURG, 2021).

A Carta Magna, em seu artigo 196, define que a saúde é um direito e um dever, e que as políticas públicas devem visar a redução do risco de doenças e outros agravos, conceder acesso universal e igualitário a ações e serviços para sua promoção, proteção e recuperação. O artigo 197 da CF/88, considera de relevância pública as ações e serviços de saúde, cabendo ao poder Público dispor, nos termos da lei, sobre sua regulamentação, fiscalização e controle, devendo sua execução ser feita diretamente, através de terceiros, por pessoas físicas ou jurídicas de direito privado. O artigo 198 da CF/88 autorizou a criação do Sistema Único de saúde-SUS (Lei 8.080/90), tendo como meta tornar-se um importante mecanismo de promoção da equidade no atendimento das necessidades de saúde da população, oferecendo para tanto, serviços de qualidade e de forma gratuita (BRASIL, 1988, 1990).

Os direitos sociais, no contexto do Estado Democrático de Direito, são aqueles que o indivíduo pode e deve postular contra o Estado, para a realização de ações necessárias ao desenvolvimento de sua condição humana. Neste sentido, a Carta Magna equipara pioneiramente a assistência social à previdência social e a saúde como políticas públicas, firmando em seu artigo 230, parágrafos 1º e 2º compromissos das ações voltadas para a população idosa (SILVA, 2019):

> Art. 230. A família, a sociedade e o Estado têm o dever de amparar as pessoas idosas, assegurando sua participação na comunidade, defendendo sua dignidade e bem-estar e garantindo-lhes o direito à vida. § 1º Os programas de amparo aos idosos serão executados preferencialmente em seus lares. § 2º Aos maiores de sessenta e cinco anos é garantida a gratuidade dos transportes coletivos urbanos. (BRASIL, 1988).

3.1.2. LEGISLAÇÕES INFRACONSTITUCIONAIS

Dentre as legislações infraconstitucionais que compõem o sistema de seguridade social e que possibilitaram a formulação de novas políticas públicas, a Lei Orgânica da Assistência Social (LOAS), promulgada em 1993, foi uma importante conquista da sociedade e que permitiu a ampliação e melhoria das condições de vida para a população idosa (ESCORSIM, 2021). Esta lei adotou no art. 2º, "e", o Benefício de Prestação Continuada (BPC) que garante ao idoso com mais de

65 anos o recebimento de um salário mínimo mensal, desde que comprove não ter meios de prover a própria subsistência ou a de sua família e estiver inscrito no CadÚnico (BRASIL, 1993, 2022).

A crítica, para além do ganho real do benefício, pauta-se no fato de que mesmo considerando-se pessoa idosa, aquela que possui 60 anos ou mais, há um fator limitante da máquina pública que postergou o direito aos cidadãos com 65 anos ou mais, em uma forma de "controle de gastos" que a priori, prejudica o principal interessado e reduz a parcela de possíveis beneficiados (MOREIRA, 2020)benefício previsto na Constituição Federal de 1988 e materializado na Lei Orgânica da Assistência Social (LOAS.

A Política nacional do Idoso (PNI), promulgada em 1994, e regulamentada apenas em 1996, foi criada com o objetivo principal de assegurar direitos sociais à pessoa idosa, promover a sua autonomia, integração e participação efetiva na sociedade, reafirmando o direito à saúde nos diversos níveis de atendimento do SUS (BRASIL, 1994; LUIZA et al., 2020). Tal política trouxe uma nova perspectiva para o atendimento ao idoso e uma nova forma de entendê-lo, considerando-o como um cidadão com direitos e deveres, apto a se cuidar e a se governar (ALMEIDA et al., 2017). Em seu capítulo IV, a política incluiu em seu texto, ações para a garantia da assitência à saúde, sua prevenção, promoção e recuperação e a criação de serviços alternativos para o idoso. Também faz importante afirmação quando sugere a realização de estudos epidemiológicos de certas doenças com o intuito de prevenir futuros casos. Entretanto, a prática de tais estudos consolidou-se como um desafio para o SUS, em todos os níves de atendimento, especialmente para a Atenção Básica (ALCÂNTARA et al., 2016; MARTINS et al., 2019).

Outro marco importante ocorreu com a criação da Política Nacional de Assistência Social (PNAS), um instrumento fundamental de orientação para a nova concepção da assistência social, aprovada em 15 de outubro de 2004, com sua posterior regulação, em 2005, pelo Sistema Único de Assistência Social (SUAS), que estabeleceu eixos estruturantes de atuação, dentre eles o do financiamento da assistência social e uma gestão descentralizada e participativa. (BRASIL. MINISTÉRIO DO DESENVOLVIMENTO SOCIAL E COMBATE À FOME, 2009).

A Norma Operacional Básica da Assistência Social-NOB/SUAS orienta, desde então, todo o funcionamento do SUAS: a gestão, o financiamento, os repasses de recursos e as formas de controle social (PASSOS *et al.*, 2019; SPOSATI, 2018). Para tanto, criou-se equipamentos de assistência para os idosos e seus familiares como os Centros de Convivência, as Instituições de longa permanência (ILPIs), o Benefício de Prestação Continuada (BPC) e grupos de cuidadores de idosos, todos com o intuito de prevenir o isolamento social, o esquecimento e problemas de saúde decorrentes da falta de assistência (MOREIRA, 2020; POLLO; ASSIS, 2019).

3.1.3. ESTATUTO DA PESSOA IDOSA

Com o advento do Estatuto da Pessoa Idosa, elaborado com intensa participação de entidades de defesa dos interesses dos idosos, os direitos desta parcela da população passaram a ser tutelados por uma ampla peça legal, composta por 118 artigos e que destacou o cuidado e a atenção à saúde do idoso pelo Sistema Único de Saúde (SUS) que coaduna com o texto constitucional, ao ressaltar em seu art. 3º e no § 2º as obrigações da família, comunidade e da sociedade bem como do Poder Público para com a pessoa idosa (BRASIL, 2003).

> Art. 3º É obrigação da família, da comunidade, da sociedade e do poder público assegurar à pessoa idosa, com absoluta prioridade, a efetivação do direito à vida, à saúde, à alimentação, à educação, à cultura, ao esporte, ao lazer, ao trabalho, à cidadania, à liberdade, à dignidade, ao respeito e à convivência familiar e comunitária (...)

§ 2º Entre as pessoas idosas, é assegurada prioridade especial aos maiores de 80 (oitenta) anos, atendendo-se suas necessidades sempre preferencialmente em relação às demais pessoas idosas (Redação dada pela Lei nº 14.423, de 2022).

O idoso, passa a ter assegurado o direito a alimentos, prestados na forma da lei civil, sendo esta uma obrigação solidária em que o titular pode optar entre os prestadores e, na hipótese de hipossuficiência do idoso ou dos familiares para prover o seu sustento, impõe-se ao Poder Público esse provimento, no âmbito da assistência social (BOSCO; TARREGA, 2016). Não por acaso, durante a pandemia de COVID-19, este direito fundamental foi cerceado em alguns momentos, ocasionado pelo isolamento social da população, imposto na tentativa de evitar a propagação do vírus, o que evidencia a importância do Estatuto e a necessidade de sempre cuidar dos mais vulneráveis (MONTEIRO; GOZZO, 2020).

Destacam-se entre os direitos à saúde assegurados pelo Estatuto a gratuidade dos transportes coletivos públicos urbanos e semi-urbanos no art. 39, que apesar de indiretos, possibilitam ao cidadão acessar os serviços de saúde especializados distantes de seus domicílios, como os de Diálise e Hemodiálise (ZILLMER; SILVA, 2019). Igualmente importante está o direito ao acompanhante em caso de internação, presente no art. 16 e que foi ratificado e ampliado pela Lei nº 14.364 de 1º de Junho de 2022 garantindo que os acompanhantes ou atendentes pessoais sejam atendidos junta e acessoriamente aos titulares da prioridade. Há também gratuidade nos medicamentos de uso continuado, próteses e órteses, com fulcro no art. 15, § 2º, e a notificação compulsória pelos serviços de saúde públicos e privados à autoridade sanitária em casos de suspeita ou confirmação de violência, conforme o art. 19 (KLIPPEL; SOUZA, 2021). Todos os direitos tutelados, entretanto, carecem de fiscalização e canais de denúncia ampliados para que sejam totalmente efetivados, principalmente no que tange a violência doméstica (DE MORAES *et al.*, 2020).

Com o Estatuto, evidenciou-se o direito de acesso as medidas de proteção deste grupo, que deve ser acionado sempre que tais direitos forem ameaçados ou violados, seja por ação ou omissão ou por falta da sociedade, do Estado e da família em razão de sua condição pessoal, o que trouxe aumento da rigidez punitiva quanto ao descumprimento de direitos e a possibilidade de desevolvimento de melhores políticas públicas (BATISTA; TEIXEIRA, 2021; BRASIL, 2003).

Este avanço, entretanto, nasceu "sem os pais", ou seja, sem os provedores específicos que pudessem financiar as ações propostas, o que na prática resultou ao longo dos anos em insatisfações e limitações para a efetivação e desenvolvimento destas políticas no país (ZILLMER; SILVA, 2019).

3.1.4. *POLÍTICA NACIONAL DE SAÚDE DA PESSOA IDOSA*

A Política Nacional de Saúde da Pessoa Idosa, normatizada pela Portaria GM/MS nº 2.528, de 19 de outubro de 2006, surge no cenário político com a finalidade primordial de recuperar, manter e promover a autonomia e a independência dos indivíduos idosos, direcionando medidas coletivas e individuais de saúde para esse fim, em consonância com os princípios e diretrizes do SUS (BORBA *et al.*, 2019; BRASIL, 2013).

Tem como metas a promoção do envelhecimento saudável, da manutenção da capacidade funcional e sua reabilitação, mas também, a capacitação de recursos humanos especializados e o apoio a estudos e pesquisas sobre a temática, que possibilitem o aprimoramento ou até mesmo o desenvolvimento de novas políticas públicas (SANTOS *et al.*, 2020). Segundo Alcântara e colaboradores, para que as Políticas públicas voltadas ao envelhecimento populacional sejam efetivadas é necessário que haja uma abordagem integrada da saúde, da economia, do mercado de trabalho, da seguridade social e da educação (ALCÂNTARA *et al.*, 2016). Para tanto, deve-se estabelecer critérios claros para as políticas públicas no país.

3.2. CRITÉRIOS PARA A IMPLEMENTAÇÃO E AVALIAÇÃO DE POLITICAS PÚBLICAS PARA OS IDOSOS

Implementar uma política pública envolve a sistematização e a concretização de ideias, expressos por parâmetros que devem ser elencados e constantemente reavaliados pelo Estado (DAMACENO; CHIRELLI, 2019; TORRES et al., 2020). No Brasil, com exceção do SISAP-Idoso criado em 2011, há falta de mecanismos de monitoramento transdisciplinares, tanto para a implementação quanto para a avaliação dos resultados destas políticas (ROMERO et al., 2018). Para a população idosa, torna-se vital avaliar o crescente envelhecimento populacional e sua implicação nas políticas sociais de saúde, na previdência social e assistência social; as desigualdades sociais em suas relações com a expectativa de vida; e a cidadania e a luta permanente por direitos fundamentais, inclusive na velhice (OLIVEIRA; COUTO, 2019). Impossível tratar de tais critérios, sem incluir a capacitação de gestores municipais e de suas redes para a captação de dados, já que sem a efetividade desta coleta, todas as teorias e metodologias em construção, resultantes de inter-relações dinâmicas com diversos outros campos do conhecimento tornam-se insuficientes e refletem uma barreira para o seu desenvolvimento (OLIVEIRA; COUTO, 2019).

4. CONCLUSÃO

O estudo evidenciou que o Brasil possui um escopo normativo amplo de leis protetivas e carente de medidas avaliativas que permita a sua completa efetividade. Os documentos analisados enfatizaram os avanços sociais e de saúde estabelecidos para a população idosa bem como a necessidade de orientação ampliada para um cuidado com enfoque na capacitação das equipes, na importância da atuação do poder público como suporte aos equipamentos existentes e da necessidade de desenvolvimento de mecanismos de monitoramento, para além do SISAP-Idoso. Desde a Constituição de 1988, ocorreu a consolidação da institucionalidade da política assistencial, tendo como principais regulamentações: a Política Nacional de Assistência Social; a Lei Orgânica da Assistência Social; a Norma Operacional Básica da Assistência Social; e a Lei do SUAS que permitiram o desenvolvimento destas políticas públicas. Urge no país, ainda mais com o aumento expressivo da longevidade e da complexidade deste cuidado, trabalhar para que a proteção às pessoas idosas concretize-se e materialize-se em todo o território nacional, o que só ocorrerá com a educação e participação de toda a sociedade.

REFERÊNCIAS

ALCÂNTARA, A. de O. (Organizador); CAMARANO, A. A. (Organizadora); GIACOMIN, K. C. (Organizadora). Política Nacional do Idoso : velhas e novas questões. **http://www.ipea.gov.br**, [s. l.], 2016. Disponível em: http://repositorio.ipea.gov.br/handle/11058/7253. Acesso em: 31 ago. 2022.

ALMEIDA, L.; PAULO, ;; HAIDAMUS DE OLIVEIRA BASTOS, R. Autocuidado do Idoso: revisão sistemática da literatura Elderly Self Care: a systematic review of the literature. **Pág**, [s. l.], v. 38, 2017.

BATISTA, R. L.; TEIXEIRA, K. M. D. O cenário do mercado de trabalho para idosos e a violência sofrida. **Revista Brasileira de Geriatria e Gerontologia**, [s. l.], v. 24, n. 6, 2021. Disponível em: http://www.scielo.br/j/rbgg/a/dqwV38nSjkgJNr8PqxkmCCz/?lang=pt. Acesso em: 3 set. 2022.

BORBA, É. L.; MEDONÇA, F. M. de; TORRES, K. A.; MARTINS, P. L. A Política Nacional da Saúde do Idoso em Perspectiva. **Revista de Administração, Sociedade e Inovação**, [s. l.], v. 5, n. 1, p. 41–56, 2019. Disponível em: https://rasi.vr.uff.br/index.php/rasi/article/view/266. Acesso em: 4 set. 2022.

BOSCO, M. G. D.; TARREGA, M. C. V. B. DISCRIMINAÇÃO POSITIVA DO ESTATUTO DO IDOSO E PROTEÇÃO DA DIGNIDADE: DIREITO À ALIMENTAÇÃO, À SAÚDE, À JUSTIÇA E AO TRABALHO. **Ciências Sociais Aplicadas em Revista**, [s. l.], v. 16, n. 30, p. 9–30, 2016. Disponível em: https://saber.unioeste.br/index.php/csaemrevista/article/view/15608. Acesso em: 5 set. 2022.

BRASIL. MINISTÉRIO DO DESENVOLVIMENTO SOCIAL E COMBATE À FOME. LOAS Anotada: Lei orgânica de assistência social. **Secretaria Nacional de Assistência Social – SNAS**, [s. l.], p. 36p, 2009.

BRASIL. **Constituição Federal de 1988**. [S. l.: s. n.], 1988. Disponível em: http://www.planalto.gov.br/ccivil_03/constituicao/constituicaocompilado.htm. Acesso em: 15 mar. 2021.

BRASIL. **Estatuto da Pessoa Idosa. Lei no 10741**. [S. l.: s. n.], 2003. Disponível em: http://www.planalto.gov.br/ccivil_03/leis/2003/l10.741.htm. Acesso em: 30 ago. 2022.

BRASIL. **Inscrever-se no Cadastro Único — Português (Brasil)**. [S. l.: s. n.], 2022. Disponível em: https://www.gov.br/pt-br/servicos/inscrever-se-no-cadastro-unico-para-programas-sociais-do-governo-federal. Acesso em: 4 set. 2022.

BRASIL. **Lei Orgânica da Assistência Social (Loas)**. [S. l.: s. n.], 1993. Disponível em: http://www.planalto.gov.br/ccivil_03/leis/l8742.htm. Acesso em: 4 set. 2022.

BRASIL, M. da S. **Política Nacional de Saúde da Pessoa Idosa**. [S. l.: s. n.], 2013. Disponível em: https://bvsms.saude.gov.br/bvs/saudelegis/gm/2006/prt2528_19_10_2006.html. Acesso em: 31 ago. 2022.

BRASIL. **Política Nacional do Idoso**. [S. l.: s. n.], 1994. Disponível em: http://www.planalto.gov.br/ccivil_03/leis/l8842.htm. Acesso em: 31 ago. 2022.

BRASIL. **Sistema Único de Saúde (SUS)**. [S. l.: s. n.], 1990. Disponível em: http://www.planalto.gov.br/ccivil_03/leis/l8080.htm. Acesso em: 4 set. 2022.

BRASÍLIA, C. D. D. **A Construção do artigo 5o da Constituição de 1988**. [S. l.: s. n.], 2013. Disponível em: https://bd.camara.leg.br/bd/handle/bdcamara/15176. Acesso em: 5 ago. 2022.

DAMACENO, M. J. C. F.; CHIRELLI, M. Q. Implementação da Saúde do Idoso na Estratégia Saúde da Família: visão dos profissionais e gestores. **Ciência & Saúde Coletiva**, [s. l.], v. 24, n. 5, p. 1637–1646, 2019. Disponível em: https://orcid.org/0000-0002-7417-4439. Acesso em: 5 set. 2022.

DE MORAES, C. L.; MARQUES, E. S.; RIBEIRO, A. P.; DE SOUZA, E. R. Violência contra idosos durante a pandemia de Covid-19 no Brasil: contribuições para seu enfrentamento. **Ciência & Saúde Coletiva**, [s. l.], v. 25, p. 4177–4184, 2020. Disponível em: http://www.scielo.br/j/csc/a/xwYtcGKkhm3wvMT5hK4kqPL/abstract/?lang=pt. Acesso em: 5 set. 2022.

ESCORSIM, S. M. O envelhecimento no Brasil: aspectos sociais, políticos e demográficos em análise. **Serviço Social & Sociedade**, [s. l.], v. 142, n. 142, p. 427–446, 2021. Disponível em: http://www.scielo.br/j/sssoc/a/KwjLV5fqvw6tWsfWVvczcMn/?lang=pt. Acesso em: 4 set. 2022.

IBGE, I. B. de G. e E. **IBGE | Projeção da população**. [S. l.: s. n.], 2022. Disponível em: https://www.ibge.gov.br/apps/populacao/projecao/index.html?utm_source=portal&utm_medium=popclock&utm_campaign=novo_popclock%0Ahttps://www.ibge.gov.br/apps/populacao/projecao/box_generico.html?ag=00&ano=2013&id=8%0Ahttps://www.ibge.gov.br/apps/populacao/pr. Acesso em: 30 ago. 2022.

KLIPPEL, S.; SOUZA, T. S. P. de. A VIOLÊNCIA INTRAFAMILIAR CONTRA A PESSOA IDOSA EM UM ESTADO DEMOCRATICO DE DIREITO. **Anais da Mostra Científica da FESV**, [s. l.], v. 1, n. 12, p. 124–151, 2021. Disponível em: https://estacio.periodicoscientificos.com.br/index.php/AMCF/article/view/784. Acesso em: 4 set. 2022.

LUIZA, M.; MELEIRO, A. P.; MÁRCIA, K.; MOTA, S.; IZAURA, B.; NASCIMENTO, R. Marcos legais e políticas públicas para idosos no Brasil e no Amazonas. **Revista Kairós-Gerontologia**, [s. l.], v. 23, n. 3, p. 277–298, 2020. Disponível em: https://revistas.pucsp.br/index.php/kairos/article/view/52926. Acesso em: 2 set. 2022.

MARTINS, J. de J.; SCHIER, J.; ERDMANN, A. L.; ALBUQUERQUE, G. L. de. Políticas públicas de atenção à saúde do idoso: reflexão acerca da capacitação dos profissionais da saúde para o cuidado com o idoso. **Revista Brasileira de Geriatria e Gerontologia**, [s. l.], v. 10, n. 3, p. 371–382, 2019. Disponível em: http://www.scielo.br/j/rbgg/a/qrvgz98KnnXtN6ypRXJn8bD/?lang=pt. Acesso em: 5 set. 2022.

MONTEIRO, J. R.; GOZZO, D. Alimentos em tempos de COVID-19:. **Revista IBERC**, [s. l.], v. 3, n. 2, p. 143–160, 2020. Disponível em: https://revistaiberc.emnuvens.com.br/iberc/article/view/131. Acesso em: 5 set. 2022.

MORAIS, G.; MIRANDA, D.; DA, A.; MENDES, C. G.; ANDRADE DA SILVA, A. L. O envelhecimento populacional brasileiro: desafios e consequências sociais atuais e futuras. **Revista Brasileira de Geriatria e Gerontologia**, [s. l.], v. 19, n. 3, p. 507–519, 2016. Disponível em: http://www.scielo.br/j/rbgg/a/MT7nmJPPRt9W8vndq8dpzDP/?lang=pt. Acesso em: 5 set. 2022.

MOREIRA, V. R. Novas formas de acesso ao Benefício de Prestação Continuada, uma face perversa da atual conjuntura da Seguridade Social brasileira. **Anais do Encontro**

Internacional e Nacional de Política Social, [s. l.], v. 1, n. 1, 2020. Disponível em: https://periodicos.ufes.br/einps/article/view/33266. Acesso em: 4 set. 2022.

OLIVEIRA, V. E. de; COUTO, C. G. Teorias e Análises sobre Implementação de Políticas Públicas no Brasil. **Teorias e análises sobre implementação de políticas públicas no Brasil**. Org. Gabriela Lotta, [s. l.], p. 67–94, 2019.

PASSOS, L.; SANTOS, A. A. dos; SCARPARI, A. Financiamento da política de assistência social: avanços e perspectivas. **Textos & Contextos (Porto Alegre)**, [s. l.], v. 18, n. 1, p. 91–109, 2019. Disponível em: https://revistaseletronicas.pucrs.br/index.php/fass/article/view/33523. Acesso em: 5 set. 2022.

POLLO, S. H. L.; ASSIS, M. de. Instituições de longa permanência para idosos - ILPIS: desafios e alternativas no município do Rio de Janeiro. **Revista Brasileira de Geriatria e Gerontologia**, [s. l.], v. 11, n. 1, p. 29–44, 2019. Disponível em: http://www.scielo.br/j/rbgg/a/pqL8MwzKwdhzTSv6hyCbYNB/abstract/?lang=pt. Acesso em: 5 set. 2022.

ROMERO, D. E.; CASTANHEIRA, D.; MARQUES, A. P.; MUZY, J.; SABBADINI, L.; DA SILVA, R. S. Metodologia integrada de acompanhamento de políticas públicas e situação de saúde: o SISAP-Idoso. **Ciência & Saúde Coletiva**, [s. l.], v. 23, n. 8, p. 2641–2650, 2018. Disponível em: https://sisapidoso.icict.fiocruz.br/. Acesso em: 4 set. 2022.

ROTHENBURG, W. C. **Direitos Sociais são Direitos Fundamentais: Simples assim**. 1ª ediçãoed. Salvador: JusPODIVIM, 2021. 2021.

SANTOS, K. de S.; RAMOS, D. A.; GONÇALVES, J. R. ANÁLISE DA POLÍTICA NACIONAL DE SAÚDE DO IDOSO: UMA REVISÃO DE LITERATURA. **Revista JRG de Estudos Acadêmicos** , [s. l.], v. 3, n. 7, p. 591–611, 2020. Disponível em: http://revistajrg.com/index.php/jrg/article/view/86. Acesso em: 4 set. 2022.

SANTOS, S. L.; TURRA, C. M.; NORONHA, K. Envelhecimento populacional e gastos com saúde: uma análise das transferências intergeracionais e intrageracionais na saúde suplementar brasileira. **Revista Brasileira de Estudos de População**, [s. l.], v. 35, n. 2, p. 1–30, 2019. Disponível em: http://www.scielo.br/j/rbepop/a/Mh8tvhW3PtJQWK7WmKSF5bp/abstract/?lang=pt. Acesso em: 5 set. 2022.

SILVA, J. A. da. **Curso de Direito Constitucional Positivo**. 42 ediçãoed. São Paulo: Malheiros Editores ltda., 2019. 2019.

SILVA, V. A. da. **Direito Constitucional Brasileiro**. 1. ed. São Paulo: Edusp-Editora da Universidade de São Paulo, 2021. 2021.

SPOSATI, A. Displacement of social security and social disprotection in Brazil. **Ciencia e Saude Coletiva**, [s. l.], v. 23, n. 7, p. 2315–2325, 2018.

TORRES, K. R. B. de O.; CAMPOS, M. R.; LUIZA, V. L.; CALDAS, C. P. Evolução das políticas públicas para a saúde do idoso no contexto do Sistema Único de Saúde. **Physis: Revista de Saúde Coletiva**, [s. l.], v. 30, n. 1, p. 1–22, 2020. Disponível em: http://www.scielo.br/j/physis/a/XqzFgPPbgmsKyJxFPBWgB3K/abstract/?lang=pt. Acesso em: 5 set. 2022.

ZILLMER, J. G. V.; SILVA, D. M. G. V. da. GASTOS DO PRÓPRIO BOLSO DAS PESSOAS EM DIÁLISE PERITONEAL: ESTUDO QUALITATIVO. **Revista de Atenção à Saúde**, [s. l.], v. 17, n. 61, p. 83–92, 2019. Disponível em: https://www.seer.uscs.edu.br/index.php/revista_ciencias_saude/article/view/5968. Acesso em: 4 set. 2022.

O MARCO REGULATÓRIO DE SUPLEMENTOS ALIMENTARES - REFLEXÕES DO QUADRIÊNIO

MARIANA DE ANGELO SILVA ALEGRE[26]

Suplementos alimentares são produtos de grande interesse nutricional e que configuraram um dos maiores desafios regulatórios no Brasil. A natureza alimentar de seus ingredientes destaca-se dos alimentos tradicionais por sua aparência limítrofe, já que muitas de suas formas de apresentação, tais como comprimidos e cápsulas, são herdadas da tecnologia farmacêutica, ainda que os suplementos sejam desprovidos de indicação terapêutica. Em função das suas características físicas, despertou por um tempo certa preocupação das autoridades sanitárias para que seu uso não fosse confundido com medicamentos, cujo desenvolvimento é previsto para tratamento de patologias, enquanto que os suplementos como espécie do gênero alimentício tem objetivo de consumo para indivíduos saudáveis. Apresentam um grande papel no desempenho da saúde, que conceitualmente envolve o completo bem-estar físico, mental e social. Exemplos icônicos desta categoria podem incluir desde um suplemento vitamínico que garante os níveis essenciais destes micronutrientes para funcionamento do organismo; um suplemento proteico que ajuda o consumidor saudável no seu objetivo de ganho de massa muscular; até mesmo um suplemento de lactase que

---

[26] Advogada, PUC-SP; Farmacêutica, USP-SP, Especialista em Direito Sanitário, USP-SP; Mestre em Direito, PUC-SP; MBA em Gestão de Negócios, FGV-RJ.

permite o convívio social dos intolerantes à lactose quando expostos à dieta comum. Destarte, a função nutricional dos suplementos alimentares é mais do que relevante e faz deles importantes atores da manutenção da saúde. Em que pese sua relevância, o consumidor brasileiro esteve com acesso limitado a estes produtos devido a uma regulação ultrapassada e divergente dos conceitos internacionalmente e em dados momentos apresentou restrições ainda mais pesadas que a própria legislação vigente. Após um longo processo de diálogo com a sociedade e academia, um novo Marco Regulatório foi estabelecido em 2018 e por ocasião de seu quadriênio, é de grande relevo observar o desenvolvimento da categoria e o maior acesso ao produto, sobretudo considerando o cenário pandêmico instalado durante o período.

1. DOS PRINCIPAIS CONCEITOS DE SUPLEMENTOS EMANADOS INTERNACIONALMENTE E DO DESENVOLVIMENTO DA CATEGORIA NA AMÉRICA LATINA

Suplementos alimentares podem ser encontrados em designações internacionais como *food supplements* na Europa, *dietary supplements* nos Estados Unidos da América e *health supplements* no sudeste da Ásia e Índia. Apesar da diversidade na nomenclatura, as principais definições englobam conceitos comuns, tais como a natureza da sua composição, tendo os seus ingredientes origem alimentar; em fontes concentradas de substâncias definidas, como são, por exemplo, e não limitados aos micronutrientes (vitaminas e minerais), óleos de peixes contendo ácidos graxos essenciais (como DHA/EPA), microorganismos de função probiótica e outras substâncias bioativas, tais como luteína, coenzima Q10, resveratrol). (IADSA, 2018)[27]

---

[27] IADSA, International Alliance of Dietary/FoodSupplements Associations. Codex Alimentarius, THE INTERNATIONAL REFEREN-

É notável que o *Codex Alimentarius*, principal e mais tradicional ponto de convergência regulatória internacional para alimentos, deve ser utilizado de maneira extensiva para ratificar esta cobertura, pois possui de forma independente e segmentada uma série de diretrizes, que interpretadas em conjunto abrem uma gama de possibilidades. Tais diretrizes incluem as destinadas à adição de nutrientes essenciais a alimentos em geral, qual seja o *General Principles for the Addition of Essential Nutrients to Foods (CAC/ GL 9-1987)*; um guia exclusivo para suplementos alimentares de vitaminas e minerais, representado pelo documento *Guidelines for Vitamin and Mineral Food Supplements (CAC/ GL 55-20050)*; bem como as diretrizes para avaliação de probióticos em *Guidelines for the Evaluation of Probiotics in Food: Joint FAO/WHO Working Group meeting, London Ontario, Canada, 30 April-1 May 2002*. Ainda, o *Codex Alimentarius* desenvolveu um modelo para estabelecer níveis máximos de ingestão de nutrientes e substâncias relacionadas, entitulado *A model for Establishing Upper Levels of Intake for Nutrients and Related Substances – Report of a Joint FAO/ WHO Technical Workshop on Nutrient Risk Assessment WHO Headquarters, Geneva, Switzerland 2-6 May 2005.* (IADSA, 2018)[28]

Ressalta-se ainda que muitas dessas diretrizes do *Codex Alimentarius* que de alguma forma impactam o desenvolvimento de suplementos alimentares foram publicadas após a consolidação desse mercado nos Estados Unidos da América, que

---

CE FOR FOOD SUPPLEMENT LEGISLATION Disponível em: <https://ams-iadsa.s3.eu-west-2.amazonaws.com/resources/39f03d11-cb72-4ebd-b978-ff2947974e86/IADSA-Codex-2018-EBOOK-%28ISBN-978-1-912787-37-1%29.pdf?X-Amz-Algorithm=AWS4-HMAC-SHA256&X-Amz-Credential=AKIASCE55NMNLPQLH3XW%2F20220831%2Feu-west-2%2Fs3%2Faws4_request&X-Amz-Date=20220831T120733Z&X-Amz-Expires=900&X-Amz-Signature=6684a27edc2f43e0ef8211721643e09cbef3c0f74df8394427059bfaa21d19f2&X-Amz-SignedHeaders=host> Acesso em 6 Ago 2022

28 Idem

já havia publicado o DSHEA (FDA, 1994)[29] *Dietary Supplement Health and Education Act of 1994, Public Law 103-417*, que trata do tema de forma muito mais objetiva e concisa, oferecendo uma pluralidade de ingredientes. A esse respeito, e respondendo aos questionamentos de alguns consumidores, a FDA publicou esclarecimentos de que sua legislação é mais ampla que o *Codex Alimentarius* mas que isso não seria de alguma forma motivo de admoestação internacional, visto que não impõe barreiras técnicas ao comércio com demais países. (FDA, 2018) [30]

2. DA DIVERSIDADE DE PARADIGMAS PARA ESTABELECIMENTO DE LIMITES MÁXIMOS: INGESTÃO DIÁRIA RECOMENDADA X PARÂMETROS DE SEGURANÇA

Além da questão de diversidade de ingredientes, a questão dos limites máximos de constituintes, sobretudo de vitaminas e minerais era um ponto técnico relevante para o debate dos diversos marcos regulatórios de suplementos no mundo.

Embora os conceitos de Toxicologia detenham uma complexidade científica transcendente às possibilidades deste estudo, busca-se um exemplo prático para entender como a discrepância desses valores poderia impactar de forma brutal como a concentração de ativos. Assim, a título meramente exemplificativo, examine-se o caso da vitamina B6. Utilizando valores preconizados pela IOM (Institute of Medicine,

---

[29] FDA: Dietary Supplement Health and Education Act of 1994 Public Law 103-417 103rd Congress - DSHEA Disponível em <https://ods.od.nih.gov/About/DSHEA_Wording.aspx> Acesso em 6 Ago 2022

[30] FDA Responses to Questions about Codex and Dietary Supplements Disponível em:<https://www.fda.gov/food/dietary-supplements-guidance-documents-regulatory-information/responses-questions-about-codex-and-dietary-supplements> 2018. Acesso em 6 Ago 2022

2000)[31], tem-se que a ingestão diária recomendada (IDR ou RDA) desta vitamina é de 1,3mg por dia. No entanto, o seu primeiro parâmetro de segurança, que é a UL, ingestão máxima tolerada, que é o valor encontrado para que não haja riscos de eventos adversos (Institute of Medicine , 2000)[32], é de 100mg por dia. Ingerindo 200mg por dia, ainda não é observado nenhum adverso, sendo este valor correspondente a NOAEL[33]. A dose mais baixa encontrada na literatura em que aparece algum evento adverso com a ingestão é de 500mg, e é chamado de LOAEL[34]. Em uma abordagem conservadora, que utilizaria a UL como parâmetro de segurança, a ingestão entre 1,3mg e 100mg de vitamina B6 estaria dentro de uma faixa segura. Assim, se o marco regulatório estabelece que 1,3mg é a quantidade máxima de vitamina B6 em um suplemento, este valor está muito mais próximo de um risco de inadequação que de um evento adverso. O gráfico a seguir mostra como a eleição destes parâmetros como limites máximos podem produzir suplementos com quantidades de vitaminas discrepantes.

---

[31] Institute of Medicine 2000. Dietary Reference Intakes: Applications in Dietary Assessment. Washington, DC: The National Academies Press. https://doi.org/10.17226/9956.

[32] *"The UL is the highest level of continuing daily nutrient intake that is likely to pose no risk of adverse health effects in almost all individuals in the specified life stage group(...). As intake increases above the UL, the potential risk of adverse effects increases. The term tolerable intake was chosen to avoid implying a possible beneficial effect. Instead, the term is intended to connote a level of intake with a high probability of being tolerated biologically."* (Institute of Medicine , 2000)

[33] *" NOAEL is the highest continuing intake of a nutrient at which no adverse effects have been observed in the individuals or groups studied. In some cases it may be derived from experimental studies in animals. When the available data are not sufficient to reveal the NOAEL, it is necessary to rely on a LOAEL."* (Institute of Medicine , 2000)

[34] *"LOAEL is the lowest continuing intake at which an adverse effect has been identified. For some nutrients, it may be derived from experimental studies in animals."* (Institute of Medicine , 2000)

Figura 1 - Comparativo dos valores de referência para Vitamina B6 segundo IOM – Nível máximo de ingestão tolerável (UL)[35] – Vitamina B6

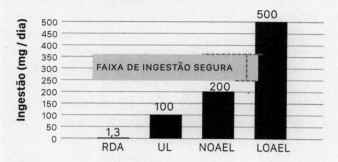

Fator de incerteza UF: 2

A figura mostra a diferença entre o valor RDA, em que o risco de inadequação é muito pequeno (2-3%), por isso também é chamada Ingestão diária recomendada (IDR). Para a vitamina B6, comparado com os os parâmetros de segurança, quais sejam: UL, que é a ingestão máxima tolerada; o NOAEL, que é o nível de ingestão em que não se observam efeitos adversos; e finalmente LOAEL, que é o nível de ingestão em que se observa o menor efeito adverso. Assim, a faixa de ingestão segura começa quando é atingida a ingestão diária recomendada e poderia ser algum ponto entre NOAEL e LOAEL. Os valores absolutos demonstram a discrepância entre os parâmetros dentro de uma mesma faixa de ingestão segura. (Adaptado de CORI, 2014)[36]

Os organismos internacionais, como a IADSA, *International Alliance on Dietary Supplements,* assim como mencionado para o *Codex Alimentarius,* têm diretrizes que regem desde a definição do que seria a categoria até os limites de seus constituintes, baseados na segurança dos ingredientes (IADSA, 2018)[37]. Na América Latina, pode-se pegar de exemplo mercosulino a Argentina, que o art. 1381 do Código Alimentario, em que apresenta limites máximos com base em valores

---

[35] para adultos > 19 anos

[36] Adaptado de: CORI, Héctor, *Seguridad de micronutrientes.* Simposio Internacional sobre Micronutrientes y Fortificación, Ciudad de México, 1 Out 2014.

[37] Referencia IADSA

de UL. (ANMAT)[38] À época antecedente ao Marco Regulatório Brasileiro de Suplementos Alimentares de 2018, apenas Brasil e Venezuela sustentavam um parâmetro de limite máximo fundamentado na ingestão diária recomendada, enquanto que nos demais países, como na maior parte do mundo, os parâmetros de segurança eram utilizados para a formulação de suplementos alimentares. (ALANUR, 2018)[39]. Na prática isso configurava uma baixa possibilidade de diversificação de opções para o consumidor, mesmo com o uso de ingredientes com amplo espectro de segurança, como no caso da vitamina B6

Para melhor complementar a visão do cenário latino-americano neste ambiente de discussão de marco regulatório de suplementos alimentares, destaca-se que o Equador e o Uruguai também trabalharam na atualização de seus regulamentos para garantir maior convergência regulatória neste período (ALANUR, 2018). Considerando o protagonismo brasileiro em seu papel de Autoridade Nacional de Referência Regional, destaca-se que o anteprojeto de norma atualmente em discussão no Uruguai procura também exercer de forma muito intencional o *reliance* (WORLD HEALTH ORGANIZATION, 2016)[40] ao isentar de nova avaliação de segurança produtos

---

38 ANMAT Codigo Alimentario Argentino. Disponível em <https://www.argentina.gob.ar/sites/default/files/anmat_caa_capitulo_xvii_dieteticosactualiz_2021-07.pdf > Acesso em 28 Ago 2022

39 ALANUR. (2018). *Perspectives on the past, present and future from across the Alliance.* London: ALANUR.

40 *Reliance*: Ato pelo qual as Autoridades Regulatórias Nacionais em uma jurisdição podem levar em consideração e dar peso significativo– isto é, baseando-se nele totalmente ou parcialmente –para avaliações feitas por outra autoridade regulatória nacional ou instituição confiável para chegar a sua própria decisão. A autoridade *relying* permanece responsável e imputável pelas decisões tomadas, mesmo quando ela se fundamenta nas decisões e informações de outrem.
WORLD HEALTH ORGANIZATION, 2016. *Good regulatory practices*: guidelines for national regulatory authorities for medical products - Draft. Genebra, 2016. Disponível em: <https://www.who.int/medicines/areas/

já previamente aprovados no Brasil ou na União Europeia (URUGUAY, 2019).[41]

Figura 2 - Parâmetros para estabelecimento de níveis máximos de vitaminas e minerais para Suplementos Alimentares no Mundo (antes de 2018)

Fig.2 A figura demonstra a situação durante o processo de discussão do novo Marco Regulatório no Brasil. A esta época, em que já havia a sinalização de que os níveis máximos seriam revistos no Brasil, apenas a Venezuela seguia com parâmetros de 100% da IDR na América Latina e grande parte do mundo já utilizava parâmetros de segurança.[42]

3. DO CONTRASTE COM O CONCEITO DE MEDICAMENTO

Apesar da apresentação dos suplementos alimentares ser tradicionalmente a de uma forma farmacêutica, a sua característica alimentar provém tanto da origem de seus ingredientes quanto da sua finalidade de uso. Assim sendo, observando o arcabouço legal brasileiro, tem-se que a definição de alimentos é apresentada no Decreto-Lei 986, de 21 de outubro de 1969, que prescreve:

---

quality_safety/quality_assurance/GoodRegulatory_PracticesPublicConsult.pdf>. Acesso em: 15 set. 2019

[41] URUGUAY. *Anteproyecto de Normativa de Suplementos Dietarios* – Departamento de Alimentos. Dec 2019 Montevideo

[42] ALANUR. (2018). *Perspectives on the past, present and future from across the Alliance*. London: ALANUR.

> "I - Alimento: toda substância ou mistura de substâncias, no estado sólido, líquido, pastoso ou qualquer outra forma adequada, destinadas a fornecer ao organismo humano os elementos normais à sua formação, manutenção e desenvolvimento."

O conceito, por óbvio, contrasta-se com o a definição de medicamento preconizada pelo Decreto n°.79.094, de 5 de janeiro de 1977, artigo 3°, II, que determina:

> "Art 3° Para os efeitos deste Regulamento são adotadas as seguintes definições:
> (...) II - Medicamento - Produto farmacêutico, tecnicamente obtido ou elaborado, com finalidade profilática, curativa, paliativa ou para fins de diagnóstico."

Embora as definições sejam diametralmente opostas, não se pode olvidar o fato de que a boa nutrição pode apresentar um papel profilático para determinadas condições de saúde, fato tão conhecido quanto o pensamento hipocrático. Assim, caberia questionar se, ao ser apresentado em forma farmacêutica, o suplemento alimentar poderia ser confundido com um medicamento. Sem embargo, a Pesquisa de Hábitos de Consumo de Suplementos Alimentares conduzida em sua segunda edição pela ABIAD (ABIAD, 2020)[43], Associação Brasileira da Indústria de Alimentos para fins Especiais, em sua segunda edição de 2020, demonstrou que 90% dos brasileiros entrevistados entendem que suplementos alimentares são complementos da alimentação e saúde é o principal fator que leva 85% dos entrevistados a consumir suplementos. Ressalte-se ainda o contexto de 2020, em que o país foi assolado pela pandemia e ante a ausência de tratamento ou vacina, somente cabia a prevenção e o fortalecimento do organismo. Nesta ordem de ideias, pode-se concluir que a percepção do consumidor coaduna com a natureza nutricional e alimentar dos suplementos, sendo compatível com sua finalidade de uso de fornecer ao organismo humano os elementos normais

---

[43] ABIAD (2020) Pesquisa de Mercado – Suplementos Alimentares. Disponível em: < https://abiad.org.br/pesquisa-de-mercado-suplementos-alimentares/> Acesso em 15 Ago 2022

à sua formação, manutenção e desenvolvido, ainda que desprovido de indicação terapêutica inerente aos medicamentos.

4. DA DIVERGÊNCIA INTERNACIONAL E DA DESAGREGAÇÃO DA CATEGORIA

A fragmentação da regulação de suplementos alimentares no Brasil não deixava de ser, em alguma medida, um reflexo da desagregação do *Codex Alimentarius,* porém de uma forma ainda mais acentuada. Além da já referida barreira relacionada ao paradigma do parâmetro do nível de ingestão diária recomendada, enquanto o parâmetro de segurança prevalecia mundialmente, um *dietary supplement* regulado pela norma norte-americana de suplementos poderia ter uma grande sorte de enquadramentos no Brasil, tais como: um suplemento vitamínico e ou de minerais segundo a Portaria SVS/MS n. 32/1998; um alimento para praticante de atividade física, segundo a Portaria SVS/MS n. 222/1998; substâncias bioativas e probióticos isolados com alegação de propriedades funcional e ou de saúde, nos termos da Resolução - RDC n° 2, de 7 de janeiro de 2002; um complemento alimentar para gestantes e nutrizes segundo a Portaria SVS/MS n. 223/1998; Novos Alimentos Substâncias bioativas e probióticos; alimento para Atletas,segundo a RDC n° 18/2010,; alimentos para fins especiais itens 2.2.2 b), 2.2.3 b) e 4.2.2 da Portaria SVS/MS n° 29/1998, Alimentos e ou Novos Ingredientes, segundo o item 4.2 da Resolução n° 16/1999. Outrossim, se os níveis de vitaminas e minerais ultrapassassem os limites preconizados na RDC 269/2005, o produto mudava radicalmente sua classificação para Medicamento Específico, empregando uma complexidade muito maior na sua produção e acesso ao mercado.

Tabela 1 - Possíveis Classificações e Respectivos Marcos Regulatórios no Brasil de produtos internacionalmente reconhecidos como Suplementos Alimentares antes do Marco Regulatório de 2018

Área	Categoria	Marco Regulatório
Alimentos	Suplemento de Vitaminas e Minerais	Portaria SVS/MS n. 32/1998
Alimentos	Substâncias bioativas e probióticos isolados com alegação de propriedades funcional e ou de saúde	Resolução - RDC nº 2, de 7 de janeiro de 2002
Alimentos	Novos Alimentos e Novos Ingredientes	item 4.2 da Resolução nº 16/1999.
Alimentos	Complemento Alimentar para Gestantes e Nutrizes	Portaria SVS/MS n. 223/1998
Alimentos	Suplementos Para Atletas	RDC nº 18/2010
Alimentos	Alimento para praticantes de atividade física	Portaria SVS/MS n. 222/1998
Medicamentos	Medicamentos Específicos	RDC 24/2011, RDC 269/2005

Tab.1 A tabela mostra a ampla gama de categorias existentes antes do Marco Regulatório de Suplementos Alimentares de 2018 e que hoje são abarcadas em sua totalidade no caso dos alimentos e parcialmente pela categoria de Medicamentos Específicos.

Especialmente para Suplementos de vitaminas e minerais diversos cenários eram possíveis. Se o parâmetro de concentração fosse entre 25 e 100% da ingestão diária recomendada, o produto seria um suplemento de grau alimentar, nos termos da RDC 32/98, e para chegar ao mercado era necessária simples notificação à autoridade sanitária. Se fosse adicionado um ingrediente bioativo, tal como uma luteína ou licopeno, era necessário registrar o produto, o que levaria a cerca de 18 meses na fila de avaliação. Em ambos cenários seria perfeitamente aceitável a divulgação de amostras grátis e comunicação direta com o consumidor, e o produto poderia ser vendido tanto em canais alimentares, como supermercados, como em drogarias, sem controle de preço. Essas características eram, afinal, as inerentes a alimentos.

Sem embargo, pelo simples fato da concentração estar acima de 100% da Ingestão Diária Recomendada, e perfeitamente dentro da faixa de segurança, já discutida, isso automaticamente o classificava como medicamento específico, nos termos da RDC 269/2005. Isso logo o transportava para uma outra dimensão de controles, como, por exemplo, ensejar em uma inspeção internacional da ANVISA se fabricado em uma planta estrangeira, nos termos da RDC Nº 497/2021 (ANVISA - Agência Nacional de Vigilância Sanitária, 2021)[44]. Necessariamente deveria dispor de indicação terapêutica, e até poderia ter alguma comunicação com o consumidor, em norma mais estrita. Sua venda seria restrita a farmácias e drogarias, nos termos da Lei 5591/1973, art. 6º. Ainda, se a sua concentração ultrapassasse o limite preconizado pela Portaria 40/98, a situação era ainda mais restrita, pois a sua venda seria somente para prescrição médica, o que proibiria qualquer tipo de propaganda direta ao consumidor, nos termos do art. 27 da RDC 96/2008. A tabela a seguir discrimina como a classificação regulatória alterava a relação do produto com o consumidor:

Tabela 2 - Parâmetros de Enquadramento de Produtos Contendo Vitaminas e Minerais no Brasil antes do Marco Regulatório de 2018

Parâmetros	Grau Alimentar	Medicamento isento de prescrição médica	Medicamento com prescrição médica
Concentração	25-100% IDR	100% IDR até nível máximo de segurança	Acima do nível máximo de segurança
Marco Legal	RDC 269/2005	RDC 269/2005 e Portaria SVS/MS 40/1998	Portaria SVS/MS 40/1998

---

[44] ANVISA(2021) Resolução da Diretoria Colegiada RDC Nº 497/2021

Parâmetros	Grau Alimentar	Medicamento isento de prescrição médica	Medicamento com prescrição médica
Requisitos para comercialização	Notificação à autoridade sanitária se vitaminas e minerais apenas. Registro de produto se combinado com bioativos	Registro de medicamento	Registro de medicamento
Aplicabilidade	Com ou sem alegação funcional	Indicação Terapêutica	Indicação Terapêutica
Forma de Promoção	Amostras Grátis e Comunicação diretamente ao consumidor	Comunicação direto ao consumidor, com regulamento estrito	Comunicação apenas ao profissional de saúde
Vendas	Farmácias, Supermercados, Venda Direta	Drogarias	Drogaria

Tab.2 A tabela mostra que os elementos de composição de um produto como um comprimido de vitaminas e minerais poderiam ensejar em classificações regulatórias muito discrepantes e com consequências extremamente divergentes no tocante a sua relação com o consumidor.

Desta forma, nota-se as consequências de cada uma das categorias em que um produto contendo vitaminas e minerais em cápsulas ou comprimidos poderia ser classificada. Dependendo da concentração, ele poderia ir de um cenário de simples notificação à autoridade sanitária, sem necessidade de aprovação prévia, ou registro com aprovação se combinado com outros ativos (por exemplo, luteína, ômega 3 DHA, licopeno), com ampla comunicação com o consumidor, em grau alimentar; ser considerado um medicamento isento de prescrição médica, com controles mais amplos, venda restrita a farmácia e comunicação controlada ao consumidor; até um medicamento vendido com prescrição médica, com nenhum tipo de propaganda direta ao consumidor permitida.

5. DAS LIMITAÇÕES NA COMUNICAÇÃO COM O CONSUMIDOR

Os suplementos de grau alimentar foram ainda impactados por uma severa regulação de sua forma de comunicação com o consumidor. Isso porque a Resolução ANVISA/MS 18/1990 item 3.3 previa o uso de alegações em alimentos, tanto quanto a sua função quanto ao seu conteúdo de seus nutrientes e não nutrientes que apresentassem um papel fisiológico fosse no crescimento, desenvolvimento no funcionamento normal do organismo. A condição para uso dessas alegações eram a comprovação da eficácia, ou sem esta necessidade caso fossem nutrientes com funções plenamente reconhecidas pela comunidade científica.

Ocorre que, cinco anos após a publicação desta Resolução, a mesma ANVISA emitiu o Informe Técnico 9/2004, condicionando o uso de alegações ao nutriente, em concentrações em que minimamente fossem fonte pela RDC 54/2012, que a alegação fosse específica ao nutriente e que o alimento fosse de consumo habitual. Expressamente, o informe ainda vedou o uso de alegações de produtos de consumo ocasional, e a produtos em cápsulas, comprimidos, tabletes e outras formas tradicionalmente farmacêuticas. Por óbvio, a medida atingiu frontalmente os suplementos, que ficaram restritos à comunicação de uma ínfima lista de produtos com alegações de propriedade funcional, que além de ter sua entrada no mercado retrasada pelo registro de produto, ainda eram limitados por um pequeno rol que vigorou de 1999 a 2018. (ANVISA, 2008)[45] Interessante notar que os produtos de consumo habitual ainda guardam algum valor energético em sua maioria, além de seus componentes que são de interesse para uma dieta equilibrada. Os produtos encapsulados, comprimidos,

---

[45] ANVISA (2008). COMISSÃO DE ASSESSORAMENTO TÉCNICO-CIENTÍFICO EM ALIMENTOS FUNCIONAIS E NOVOS ALIMENTOS (CTCAF) Alimentos com Alegações de Propriedades Funcionais e ou de Saúde, Novos Alimentos/Ingredientes, Substâncias Bioativas e Probióticos

compostos unicamente à base de vitaminas e minerais não tem em sua maioria grande relevância energética, pelo que tinham nas alegações de seu papel fisiológico o maior componente de interesse ao consumidor. Ao vedar essa comunicação, o consumidor se viu exposto a produtos no mercado que simplesmente não podiam declarar a que se destinavam.

É notável, desta forma, que o Informe Técnico 9/2004 apresentava um grande desafio antinômico ao Código de Defesa do Consumidor versado pela Lei 8078/1990, que em seu Artigo 31, caput, prescreve a declaração de informações corretas, claras, precisas, ostensivas, e em língua portuguesa sobre as características, qualidades, quantidade, composição, preço, garantia, prazo de validade, origem e sobre os riscos à saúde e segurança dos consumidores.

Traçado o cenário problemático da categoria de suplementos alimentares no Brasil até 2018, examine-se o impacto do novo Marco Regulatório de Suplementos Alimentares.

6. DA EVOLUÇÃO DA CATEGORIA DE SUPLEMENTOS ALIMENTARES COM O MARCO REGULATÓRIO DE 2018

O reconhecimento constitucional da saúde como um direito de todos e um dever do Estado fomentou o estabelecimento de diversas garantias jurídicas visando o efetivo exercício democrático do poder pelo povo. Estas categorias podem ser classificadas como: as garantias constitucionais da democracia sanitária; as instituições jurídicas garantidoras da democracia sanitária; e os processos jurídicos garantidores da democracia sanitária (AITH, 2017).[46]

Nesta ordem de ideias, observa-se que a ANVISA, em seu papel de instituição garantidora da democracia sanitária, abriu um amplo debate por meio de consultas e audiências públicas em que a democracia sanitária foi exercida de ma-

---

[46] AITH, F. (2017). *Direito à Saúde e Democracia Sanitária*. São Paulo: Quartier Latin.

neira inconteste. O reconhecimento das demandas do consumidor e do setor regulado, bem como da necessidade do próprio regulador de melhoria de seus processos para estes produtos podem ser claramente evidenciadas nas motivações da Agência para o Marco Regulatório:

> "A criação da categoria de suplementos alimentares teve como objetivos: a) contribuir para o acesso da população a suplementos alimentares seguros e de qualidade; b) reduzir a assimetria de informações existente nesse mercado; c) facilitar o controle sanitário e a gestão do risco desses produtos; d) eliminar obstáculos desnecessários à comercialização e inovação; e e) simplificar o estoque regulatório vigente. Para atingir esses objetivos, foram implementadas diversas mudanças na legislação sanitária que forneceram um delineamento regulatório mais claro e proporcional ao risco desses produtos, incluindo a atualização dos requisitos sanitários com base em evidências científicas".[47] (ANVISA, 2021)

Ao observar sua definição, ditada pela RDC 243/2018, art. 3º, VII, vê-se uma total convergência com os conceitos internacionais já expostos, ao determinar o suplemento alimentar como produto de ingestão oral, apresentado em formas farmacêuticas, destinado a suplementar indivíduos saudáveis com nutrientes, substâncias bioativas, enzimas ou probióticos, isolados ou combinados. Assim, desde seu preceito fundamental podemos notar o intuito de agregação da categoria, incluindo tanto produtos já estabelecidos como nutrientes, substâncias bioativas e probióticos como as enzimas que se apresentassem em formas farmacêuticas. Esta definição pode ser representada graficamente da seguinte forma:

---

[47] ANVISA (2021)– Perguntas e Respostas – Suplementos Alimentares, 7ª Edição Brasília, 2021 Disponível em: <https://www.gov.br/anvisa/pt-br/centraisdeconteudo/publicacoes/alimentos/perguntas-e-respostas-arquivos/suplementos-alimentares.pdf>.Acesso em 23 Jul 2022

Figura 3 - Definição de Suplementos Alimentares no Marco Regulatório Brasileiro de 2018

suplemento alimentar: | produto para ingestão oral, | apresentado em formas farmacêuticas, | destinado a suplementar a alimentação de indivíduos saudáveis com

nutrientes,
substâncias bioativas,
enzimas ou probióticos,
isolados ou combinados.

Fig.3 A figura estabelece uma visualização da definição de Suplementos Alimentares pela RDC 243/2018, art. 3°, VII. Os elementos da definição demonstram a convergência regulatória internacional e a consolidação da categoria outrora desagregada no Brasil.

Além do conteúdo já convergente de sua definição, o conjunto de Resoluções que conformaram o Marco Regulatório de Suplementos Alimentares alterou profundamente o panorama nacional, revendo a lista de ingredientes possíveis e ampliando sobremaneira a possibilidade de uso de alegações, tanto sobre o conteúdo como a função dos ingredientes, facilitando portanto o entendimento do consumidor quanto a finalidade dos produtos e dirimindo a antinomia já tratada com o Código de Defesa do Consumidor, por meio da IN 28/2018. Ao estabelecer parâmetros de uso, a Agência viu-se em condições de estabelecer que os produtos fossem passíveis de notificação, diminuindo assim as barreiras para lançamentos de produtos e facilitando, por conseguinte, o acesso ao seu consumo. Outrossim, para enzimas e probióticos resguardou a necessidade de registro sanitário, com avaliação prévia, dada a história recente no caso das enzimas como suplementos e dinâmica dos probióticos no cenário internacional. Ainda, estabeleceu uma nova lista de aditivos alimentares e coadjuvantes de tecnologia alinhada à demanda do setor. Como era previsto, o marco regulatório ainda teve reflexos na legislação de Medicamentos Específicos, visto que novos níveis máximos de ingredientes foram definidos, impactando parcialmente alguns produtos integrantes desta categoria.

Tabela 3 - Marco Regulatório de Suplementos Alimentares no Brasil – Normas publicadas pela ANVISA em 2018

Normas	Ementas
Resolução RDC 239/2018	Estabelece os aditivos alimentares e coadjuvantes de tecnologia autorizados para uso em suplementos alimentares.
Resolução RDC 240/2018	Categorias de alimentos e embalagens isentos e com obrigatoriedade de registro sanitário. Altera a Resolução - RDC nº 27, de 6 de agosto de 2010.
Resolução RDC 241/2018	Dispõe sobre os requisitos para comprovação da segurança e dos benefícios à saúde dos probióticos para uso em alimentos.
Resolução RDC 242/2018	Regulamenta o registro de vitaminas, minerais, aminoácidos e proteínas de uso oral, classificados como medicamentos específicos. Altera a Resolução - RDC 24, de 14 de junho de 2011, a Resolução - RDC 107, de 5 de setembro de 2016, a Instrução Normativa - IN 11, de 29 de setembro de 2016 e a Resolução - RDC 71, de 22 de dezembro de 2009.
Resolução RDC 243/2018	Dispõe sobre os requisitos sanitários dos suplementos alimentares.
Instrução Normativa 28/2018	Estabelece as listas de constituintes, de limites de uso, de alegações e de rotulagem complementar dos suplementos alimentares.

Tab.3. A tabela contempla o rol de diplomas editados pela ANVISA que estabeleceram o Marco Regulatório de Suplementos Alimentares no Brasil.

Com relação aos limites mínimos e máximos de constituintes, a ANVISA estabeleceu valores próprios, com base em extensa revisão bibliográfica e uma metodologia registrada no documento "Justificativas para os limites mínimos e máximos de nutrientes, substâncias bioativas e enzimas da proposta regulatória de suplementos alimentares". Embora o documento seja de complexa compreensão, com parâmetros adaptados para as evidência encontradas para os distintos constituiu-se, notou-se grande avanço da agência ao romper com o paradigma da IDR antes estabelecido pela RDC 269/2005, optando por referências mais atuais, conforme explicitado no referido relatório (ANVISA, 2018)[48]

É notável ainda que, com Marco Regulatório recém-estabelecido, o desafio pandêmico demonstrou-se uma verdadeira provação para a neófita categoria. A resposta da sociedade foi franca, segundo a Pesquisa de hábitos de consumo da ABIAD. O percentual de lares brasileiros em que pelo menos um indivíduo consome suplementos atingiu a marca de 59% em 2020, com um incremento de 10% em relação ao período pré-pandêmico.

CONCLUSÃO

O Marco Regulatório de Suplementos Alimentares estabelecido em 2018 no Brasil foi o produto de um amplo exercício de democracia sanitária, em que a convergência internacional fomentou a agregação da categoria, bem como a modernização de seus parâmetros de qualidade, segurança e eficácia pela agência reguladora. Para grande parte dos produtos incluídos no novo marco, o desafio de comunicação com o consumidor foi superado pela possibilidade de uma lista de alegações possíveis para produtos que ostentavam evidências já plenamente aceitas para a comunidade científica, bem como estabeleceu claros parâmetros para pedidos de novas alegações, ampliando as possibilidades para uma categoria outrora rija e que não conseguia acompanhar o desenvolvimento científico global. O exercício democrático fortaleceu tanto a Agência, que se viu com um grande desafio de ponderação dos aspectos sociais e científicos envolvidos, como

---

[48] ANVISA (2018) Justificativas para os limites mínimos e máximos de nutrientes, substâncias bioativas e enzimas da proposta regulatória de suplementos alimentares. Disponível em: http://antigo.anvisa.gov.br/documents/10181/3898888/Justificativa_Limites_Suplementos+-+CP+457-2017/ac372a4a-43ba-4721-bf3c-bd3c1ce60f81. Acesso em 31 Ago 2022

o setor regulado, que buscou os seus melhores esforços para fomentar o debate científico, e sobretudo para o consumidor, que hoje pode acessar uma maior gama de produtos no mercado nacional.

REFERÊNCIAS

ABIAD. (2020). Pesquisa de Mercado – Suplementos Alimentares. Acesso em 31 de Ago de 2022, disponível em https://abiad.org.br/2021/wp-content/uploads/2020/09/Infografico-1-Pesquisa-Suplementos-Alimentares-2020.pdf

AITH, F. (2017). *Direito à Saúde e Democracia Sanitária*. São Paulo: Quartier Latin.

ALANUR. (2018). *Perspectives on the past, present and future from across the Alliance*. London: ALANUR.

ANMAT. (s.d.). Código Alimentario Argentino. Acesso em 28 de Ago de 2022, disponível em https://www.argentina.gob.ar/sites/default/files/anmat_caa_capitulo_xvii_dieteticosactualiz_2021-07.pdf

ANVISA - Agência Nacional de Vigilância Sanitária. (2021). RESOLUÇÃO DA DIRETORIA COLEGIADA - RDC Nº 497, DE 20 DE MAIO DE 2021.

ANVISA. (2008). COMISSÃO DE ASSESSORAMENTO TÉCNICO-CIENTÍFICO EM ALIMENTOS FUNCIONAIS E NOVOS ALIMENTOS (CTCAF). Alimentos com Alegações de Propriedades Funcionais e ou de Saúde, Novos Alimentos/Ingredientes, Substâncias Bioativas e Probióticos. Acesso em 31 de Ago de 2022, disponível em i-helps.optionline.com

ANVISA. (2018). Justificativas para os limites mínimos e máximos de nutrientes, substâncias bioativas e enzimas da proposta regulatória de suplementos alimentares.

ANVISA. (2021). Perguntas e Respostas – Suplementos Alimentares,. 7a. Edição. Acesso em 23 de Jul de 2022, disponível em https://www.gov.br/anvisa/pt-br/centraisdeconteudo/publicacoes/alimentos/perguntas-e-respostas-arquivos/suplementos-alimentares.pdf

FDA. (1994). Dietary Supplement Health and Education Act of 1994.

FDA. (2018). Responses to Questions about Codex and Dietary Supplements. Acesso em 6 de Ago de 2022, disponível em Responses to Questions about Codex and Dietary Supplements

IADSA. (2018). Codex Alimentarius - The International Reference for Dietary Supplements. (G. Building, Ed.) Fonte: https://ams-iadsa.s3.eu-west-2.amazonaws.com/resources/39f03d11-cb72-4ebd-b978-ff2947974e86/IADSA-Codex-2018-EBOOK-%28ISBN-978-1-912787-37-1%29.pdf?X-Amz-Algorithm=AWS4-HMAC-SHA256&X-Amz-Credential=AKIASCE55NMNLPQL H3XW%2F20220831%2Feu-west-2%2Fs3%2Faws4_r

Institute of Medicine . (2000). Dietary Reference Intakes: Applications in Dietary Assessment. . (T. N. Press., Ed.) doi: https://doi.org/10.17226/9956.

URUGUAY. (2019). *Anteproyecto de Normativa de Suplementos Dietarios.* . Montevideu: Departamento de Alimentos .

WORLD HEALTH ORGANIZATION. (2016). Good regulatory practices: guidelines for national regulatory authorities for medical products - Draft.<. Fonte: https://www.who.int/medicines/areas/quality_safety/quality_assurance/GoodRegulatory_Pr

OS DIREITOS FUNDAMENTAIS DA PRIMEIRA INFÂNCIA, A BIOÉTICA E A SEGURANÇA ALIMENTAR: UMA RELAÇÃO NECESSÁRIA

ZENAIDE GUERRA[49]

1. INTRODUÇÃO

Ao se estudar a Primeira Infância, verifica-se a existência de uma relação indissociável com o Biodireito. Isso porque, sendo o Biodireito um ramo do Direito diretamente ligado à vida,[50] assim compreendida desde a concepção, passando pela gestação, o nascimento, até o seu momento final (a morte), verifica-se que o estudo do Biodireito passa, necessariamente, por temas relacionados ao período da Primeira Infância.

A Lei n. 13.257/2016 ("Marco Legal da Primeira Infância), ao institucionalizar as políticas públicas para a Primeira Infância, a conceitua, em seu artigo 2º, como o período que abrange os primeiros 6 (seis) anos ou 72 (setenta e dois) meses de vida da criança ("Primeira Infância"). Ou seja, a Primeira Infância integra a primeira metade do período em

---

[49] Diretora de Relações Governamentais/ Institucionais na América Latina na DSM. Advogada no Brasil e nos EUA. Formada em direito pela PUC/MG, pós-graduada em direito comparado pela Université Paris-Sorbone, MBA pela fundação Dom Cabral, LLM pela Georgetown University.

[50] MALUF, Adriana Caldas do Rego Freitas Dabus. *Curso de Bioética e Biodireito*. São Paulo: Atlas, 2015, p. 3.

que, pelo ordenamento jurídico pátrio, configura o período da infância.

Ainda que o ordenamento jurídico brasileiro aloque a Primeira Infância a um período mais restrito (nascimento até os primeiros 6 anos), organismos multilaterais da Organização das Nações Unidas – ONU, como o Fundo das Nações Unidas para a Infância – UNICEF, a compreende como o período que vai da concepção aos seis anos de idade completos.

Isso porque a Primeira Infância é compreendida como a fase inicial da vida, que configura um período crucial no qual ocorre o desenvolvimento das estruturas e circuitos cerebrais, resultando na aquisição e estruturação das capacidades fundamentais que proporcionam o aprimoramento de habilidades futuras mais complexas. Sendo tal desenvolvimento iniciado a partir da fase gestacional ou da vida intrauterina, natural que possa a Primeira Infância ter seu marco inicial no início do desenvolvimento da vida humana, ou seja, desde a concepção.

Sendo a Primeira Infância o período no qual se define todo o desenvolvimento cerebral, verifica-se, portanto, se tratar da fase mais importante do ser humano. Qualquer limitação de desenvolvimento cerebral nessa fase terá impacto (de forma quase sempre irremediável) durante toda a vida do indivíduo.

Justamente por isso, mostra-se imprescindível que o Direito (ou o Biodireito) possua regras claras e eficientes de preservação da "dignidade humana" dessas pessoas – o que passa pela implementação de programas com foco na garantia de um ambiente adequado, de ensino e de uma *nutrição* também adequada.

Como demonstraremos a seguir, a subnutrição infantil deixa marcas irreversíveis no desenvolvimento cerebral do indivíduo. Aí a relação existente entre o Biodireito, a segurança alimentar na Primeira Infância e a preservação da dignidade da pessoa humana. O presente artigo terá como foco, portanto, a análise desses três pilares.

2. ORGANISMOS QUE ATUAM NA PROMOÇÃO DOS DIREITOS DA PRIMEIRA INFÂNCIA

Considerando a relevância da chamada Primeira Infância, o tema é **alvo não apenas de estudos científicos, mas também** de diversas organizações e organismos internacionais.

No âmbito internacional, podemos destacar os seguintes organismos que têm os direitos da criança e da Primeira Infância entre seus objetivos: (i) World Food Programme;[51] (ii) Fundo das Nações Unidas para a Infância – UNICEF;[52] (iii) Organização das Nações Unidas para a Educação, a Ciência e a Cultura – UNESCO; (iv) Programa Conjunto Fundo ODS *(Joint Programme SDG Fund)*;[53] (v) Food and Agriculture Organization of the United Nations – FAO;[54] (vi) Organização

---

[51] Estabelecido em 1961, o WFP surgiu como uma resolução paralelamente adotada pelo FAO e pela Assembleia Geral da ONU. Tornou-se missão do WFP a ênfase em mobilização de ações e políticas voltadas à segurança alimentar no mundo e ações direcionadas ao provimento das chamadas *high-caloric-foods,* de modo a estabelecer uma rede de distribuição global em larga escala de alimentos fortificados e geneticamente manipulados, política esta que não seria possível sem articulações, parcerias e interesses de iniciativas e empresas privadas do ramo, como a DSM, em estratégias resolutivas da problemática subnutrição e insegurança alimentar no mundo, como veremos adiante.

[52] O UNICEF é o principal órgão das Nações Unidas vinculado à Primeira Infância.

[53] O Programa é um mecanismo internacional de desenvolvimento cujo objetivo é incentivar os países a alcançarem os 17 Objetivos de Desenvolvimento Sustentável (ODS) de maneira integrada, com o apoio logístico, financeiro e operacional do sistema ONU.

[54] A FAO é a agência das Nações Unidas vocacionada aos esforços para erradicação da fome e combate à pobreza.

Mundial da Saúde – OMS;[55] (vii) Organização Pan-americana da Saúde – OPAS.[56]

Em âmbito nacional, verifica-se uma gama de políticas públicas arquitetadas pelos entes federativos (em parceria com tais organizações internacionais) voltadas à efetivação da segurança alimentar na primeira infância. Como exemplo, temos as políticas desempenhadas em parceria com a FAO, que no Brasil atua mediante programas e projetos voltados ao combate à fome e à pobreza, tal como a melhoria da nutrição, a busca da segurança alimentar e ao acesso aos alimentos necessários para uma vida saudável.

Dentre seus objetivos e linhas de prioridade, destaque-se a segurança alimentar, compreendida como o direito à alimentação adequada e saudável, de forma permanente e sustentável, inclusive no que se refere à Primeira Infância. Ademais, é responsável pela elaboração de estudos e relatórios de mapas anuais da fome, no qual dedica-se em capítulos específicos e projetos exclusivos à infância.

3. A DEFESA DA PRIMEIRA INFÂNCIA NO ÂMBITO DO ORDENAMENTO JURÍDICO BRASILEIRO

No Brasil, a preservação dos direitos da Primeira Infância vem sendo tratada tanto na Constituição Federal de 1988 ("Constituição Federal"), quanto em leis específicas.

---

[55] A OMS é responsável por um dos mais relevantes conceitos e diretrizes da Primeira Infância, a compreendendo como o *"período de rápido desenvolvimento e uma época em que os padrões de estilo de vida da família podem ser adaptados para aumentar os ganhos de saúde"*. OMS: para crescerem saudáveis, crianças devem sentar menor e brincar mais. ONU, 25 de abril de 2019. Disponível em: https://news.un.org/pt/story/2019/04/1669601. Acesso realizado em 26.05.2022.

[56] A OPAS é o organismo internacional que trabalha com os países das Américas para melhorar a saúde, além da qualidade de vida de suas populações desde 1902.

A Constituição Federal estabeleceu, em seu artigo 227,[57] as premissas e os direitos relacionados à criança, alocando como sendo de responsabilidade da família, da sociedade e do Estado assegurar à criança, dentre diversos outros aspectos, o direito à vida, à saúde, à alimentação, à educação e à dignidade.

Após a promulgação da Constituição Federal, entrou em vigor o Estatuto da Criança e do Adolescente (Lei n. 8.069/1990 - "ECA"), no âmbito do qual se criou um capítulo exclusivo para garantir à criança e ao adolescente o direito de proteção à vida e à saúde, mediante a efetivação de políticas sociais públicas que permitam o nascimento e o desenvolvimento sadio e harmonioso, em condições dignas de existência (artigo 7º).

A Primeira Infância, por sua vez, já era objeto de atenção e estudo, mas sua institucionalização consolidou-se apenas vinte anos após a promulgação do ECA, por meio do Plano Nacional pela Primeira Infância – PNPI. Referido plano foi elaborado pela Rede Nacional Primeira Infância – RNPI e aprovado pelo CONANDA, em dezembro de 2010, e inserido no Plano Decenal de Direitos Humanos de Crianças e Adolescentes.

Dentre os objetivos do PNPI, está a promoção da equidade, de modo a reduzir as desigualdades no acesso à saúde, à alimentação, à educação e à cultura, bem como a proteção e valorização das vidas independentemente da condição econômica, da etnia ou da raça e do território em que estejam vivendo.

Relativamente à alimentação saudável e garantia nutricional na Primeira Infância, a Lei n. 13.257/2016 alterou diversos dispositivos do ECA para estabelecer de forma expressa a garantia a uma nutrição adequada, o que inclui a *orientação sobre aleitamento materno, alimentação complementar saudável e crescimento e desenvolvimento infantil* (artigo 8º).

---

[57] Redação alterada pela Emenda Constitucional n. 65/2010

Ainda no âmbito da segurança alimentar e nutricional, mesmo que não restrita à Primeira Infância, a Lei 11.346 de 15 de setembro de 2006 institucionalizou o direito humano à alimentação adequada mediante a criação do Sistema Nacional de Segurança Alimentar e Nutricional – SISAN. Trata-se da constituição de um sistema integrado por um conjunto de órgãos e entidades da União, Estados, Distrito Federal e Municípios, além de instituições privadas com ou sem fins lucrativos, por meio da qual é promovida a consecução do direito humano à alimentação adequada, além de garantida à segurança alimentar e nutricional da população (artigo 7º).

Com isso, verifica-se que a Lei 11.346/2006 elevou o conceito da alimentação adequada como direito fundamental, sendo categoria inerente à dignidade da pessoa humana e indispensável à realização dos direitos consagrados na Constituição Federal.

Verifica-se, portanto, que a alimentação infantil adequada foi alvo de preocupação política e social explícita. E, como será demonstrado na sequência, essa preocupação nutricional se justifica, na medida em que a desnutrição, por limitar o desenvolvimento do indivíduo, pode, inclusive, impactar no desenvolvimento de uma Nação.

4. A RELAÇÃO ENTRE UMA NUTRIÇÃO ADEQUADA DURANTE A PRIMEIRA INFÂNCIA E A PRESERVAÇÃO DA DIGNIDADE DA PESSOA HUMANA

Como já destacado, a Primeira Infância é compreendida como a fase inicial da vida, período no qual ocorre o desenvolvimento das estruturas e circuitos cerebrais, resultando na aquisição e estruturação das capacidades fundamentais que proporcionam o aprimoramento de habilidades futuras mais complexas do indivíduo.

Sendo tal desenvolvimento iniciado a partir da fase gestacional ou da vida intrauterina, natural que possa a Primeira

Infância ter seu marco inicial circunscrito ao início do desenvolvimento humano, posto que sua característica essencial.

Segundo a organização social brasileira "Todos pela Educação",[58] os três primeiros anos de vida, inclusive aquele da vida intrauterina, são determinantes para o pleno desenvolvimento emocional e cognitivo do ser humano. É nesse período que o cérebro humano atravessa uma intensa fase de amadurecimento, iniciada no período da gestação.

Em termos de estudos científicos dedicados à temática no Brasil, destaca-se o médico epidemiologista brasileiro e cientista Cesar Victora, cujas pesquisas sobre o desenvolvimento humano receberam o Prêmio Gairdner de Saúde Global, em 2017. Responsável por coordenar um consórcio internacional de cientistas que acompanharam o desenvolvimento de 11 mil pessoas do período compreendido entre o útero e a vida adulta, concluiu-se a importância dos primeiros mil dias de vida para a articulação entre as competências que pode o ser humano adquirir.

Nesse sentido, os referidos estudos constataram o seguinte: *"a criança que tem condições adequadas de crescimento, de nutrição, de cuidado e de estimulação até os 2 anos de vida será um adulto mais produtivo e mais inteligente"*. E prossegue: *"além disso, muitas doenças crônicas, como a hipertensão e o diabetes, são determinadas, em parte, pelo desenvolvimento dos órgãos da criança nesse período"*.[59]

Em compreensão similar, indica o UNICEF:

> A neurociência comprova que o cérebro da criança pequena tem uma grande plasticidade, ou seja, está sempre aprenden-

---

58 Primeira Infância: o que é e quais são os impactos na vida adulta. **Todos pela Educação**. 12 de julho de 2018. Disponível em: https://todospelaeducacao.org.br/noticias/perguntas-respostas-o-que-voce-precisa-saber-sobre-primeira-infancia/. Acesso realizado em 15.05.2022.

59 GOVERNO FEDERAL. A Primeira Infância. **Ministério da Cidadania**. Disponível em: http://mds.gov.br/assuntos/crianca-feliz/crianca-feliz/a-primeira-infancia. Acesso realizado em 16.05.2022

do e é sensível a modificações, particularmente nos primeiros 1.000 dias, desde a concepção até os 2 anos de idade. Nesse período, o desenvolvimento cerebral ocorre em uma velocidade incrível: as células cerebrais podem fazer até 1.000.000 de novas conexões neuronais a cada segundo – uma velocidade única na vida. Essas conexões formam a base das estruturas que dão sustentação à aprendizagem ao longo da vida. É quando aprendemos as habilidades emocionais, cognitivas e sociais, e desenvolvemos nossa capacidade intelectual, aptidões e competências com maior facilidade. Por isso, é tão fundamental estimular as crianças nessa fase em um ambiente estimulante e acolhedor, com cuidado, afeto, carinho e interações frequentes com os adultos importantes para a criança. A falta de atenção integral – que inclui acesso a saúde, nutrição adequada, estímulos, amor e proteção contra o estresse e a violência – pode impedir o desenvolvimento dessas estruturas cerebrais.[60]

Não se trata, portanto, de argumentos retóricos. Defender a segurança alimentar[61] na Primeira Infância é defender a pró-

---

[60] UNICEF BRASIL. Desenvolvimento infantil. Disponível em: https://www.unicef.org/brazil/desenvolvimento-infantil. Acesso realizado em 15.05.2022.

[61] Nesse sentido, vale mencionar o *Codex Alimentarius*, programa conjunto da Organização das Nações Unidas para Agricultura e Alimentação (FAO) e da Organização Mundial da Saúde (OMS). Criado em 1963, tem como objetivo estabelecer normas internacionais na área de alimentos, incluindo padrões, diretrizes e guias sobre Boas Práticas e de Avaliação de Segurança e Eficácia. Dentre seus objetivos, destaca-se à proteção da saúde dos consumidores e garantia de práticas leais de comércio entre os países. O Brasil é membro do *Codex Alimentarius* desde 1968, sendo um dos países da América Latina de maior tradição participativa nos trabalhos do Programa *Codex*. A coordenação do *Codex Alimentarius* no país é exercida desde 1980 pelo Instituto Nacional de Metrologia, Qualidade e Tecnologia (Inmetro), ocasião em que foi criado o Comitê do *Codex Alimentarius* do Brasil (CCAB). O CCAB tem sua atuação setorizada em grupos técnicos (GTs), dentre os quais o Comitê Codex de Nutrição e Alimentos para Fins Especiais (CCNFSDU), responsável por elaborar as disposições gerais sobre os aspectos nutricionais dos alimentos, normas diretrizes e textos afins aplicáveis aos alimentos para fins especiais. Além disso, o Comitê examina, complementa e ratifica disposições sobre aspectos nutricionais p ara sua inclusão em normas, diretrizes e tex-

pria preservação da dignidade da pessoa humana, de modo a garantir que aquele indivíduo tenha condições de se desenvolver plenamente.

De acordo com Oliveira,[62] o princípio da dignidade humana, reconhecido pela Declaração Universal dos Direitos Humanos, é marco axiológico da bioética internacional sendo a dignidade humana o mais evidente ponto de aproximação entre a Bioética e os direitos humanos. Trata-se do princípio fundamental e alicerce da construção teórica em ambos os campos do saber. Nesse sentido:

> a interface entre bioética e direito humano à alimentação adequada (DHAA) se evidencia no princípio de responsabilidade social e saúde disposto no artigo 14 da Declaração Universal sobre Bioética e Direitos Humanos (DUBDH), que, entre outros elementos, determina que os avanços e progressos científicos e tecnológicos devem promover o acesso a alimentação e água adequadas. Assim, o DHAA, como um dos direitos fundamentais necessários à efetivação da dignidade humana, deve ter seu conceito incorporado nas estratégias de desenvolvimento social e de segurança alimentar e nutricional (SAN). Por DHAA compreende-se o direito humano inerente a todas as pessoas de ter acesso regular, permanente e irrestrito, quer diretamente ou por meio de aquisições financeiras, a alimentos seguros e saudáveis, em quantidade e qualidade adequadas e suficientes, correspondentes às tradições culturais do seu povo e que garanta uma vida livre do medo, digna e plena nas dimensões física e mental, individual e coletiva.[63]

---

tos afins do Codex. A GGALI é responsável pela regulamentação de alimentos para fins especiais e de princípios para adição de nutrientes em alimentos no Brasil. Conferir: GOVERNO FEDERAL. O Brasil no *Codex Alimentarius*. Disponível em: https://www.gov.br/anvisa/pt-br/assuntos/alimentos/participacao-em-foruns-internacionais/o-brasil-no-codex-alimentarius. Acesso realizado em 23.06.2022.

62 OLIVEIRA, A. A. S. Interface entre a bioética e direitos humanos: o conceito ontológico de dignidade humana e seus desdobramentos. **Revista Bioética**. (Impr.), p. 170-185, 2007.

63 GONÇALVES, Eloisa Cristina *et al*. Bioética e direito humano à alimentação adequada na terapia nutricional enteral. **Revista Bioéti-**

Verifica-se, portanto, que garantir uma alimentação adequada na Primeira Infância é preservar, acima de tudo, a dignidade do indivíduo, de modo e evitar qualquer limitação futura no seu desenvolvimento.

O tema se mostra mais complexo, na medida em que não se trata, apenas e não somente, de acabar com a fome, mas também de garantir uma *alimentação nutricional* adequada, contendo todos os nutrientes necessários para o pleno desenvolvimento do indivíduo.

Isso é especialmente relevante porque, trazendo a questão para o plano material, coexistem socialmente situações nas quais a alimentação e nutrição na Primeira Infância tornam-se impossibilitadas de serem efetivadas das formas devidas em razão de condições sociais, econômicas, circunstanciais ou de quadros clínicos específicos. E, consequentemente, não é possível que seja garantido o pleno desenvolvimento da criança em tal período crucial. É diante de situações e cenários concretos como estes que o Direito é invocado a pensar soluções capazes de responder a demandas desta envergadura.

De acordo com os dados levantados no âmbito do relatório *the state of food security and nutrition in the word*,[64] relativo à 2021 e elaborado pela FAO, IFAD, WFP, UNICEF, e WHO, a fome mundial aumentou em 2020 diante da pandemia da COVID-19. Inalterada virtualmente por cinco anos, constatou-se a prevalência da desnutrição, que saltou de 8,4% para 9,9% em apenas um ano. Os estudos e pesquisas realizadas levantaram que entre 720 e 811 milhões de pessoas enfrentaram a fome no mundo no ano de 2020. Considerando a mé-

---

ca, Brasília, vol. 26, n. 2, p. 260-270, abr./jun. 2018. Disponível em: chrome-extension://efaidnbmnnnibpcajpcglclefindmkaj/https://www.scielo.br/j/bioet/a/kvjjSknVSzLyxNQrCHSC5BS/?format=pdf&lang=pt. Acesso realizado em 07.06.2022.

[64] FAO. **The state of food security and nutrition in the world: Transforming food systems for food security, improved nutrition and affordable healthy diets for all.** Rome; 2021. P. 8.

dia da projeção variante, de 768 milhões, houve um aumento de cerca de 118 milhões de pessoas enfrentando a fome e insegurança alimentar em 2020, se comparado com o ano de 2019. Tal aumento substancial evidencia o crescente desafio destes organismos internacionais de atingir a meta *fome zero* até 2030.

O olhar direcionado e atualizado da crise alimentar nos anos de 2021 e 2022 foi o objetivo central do sexto *Global Report on Food Crises* (GRFC 2022),[65] realizado, dentre outros organismos e instituições internacionais, pela *Global Network Against Food Crises, Food Security Information Network,* WFP, *Food Security Cluster* e *Global Security Cluster.* Da análise geral, denota-se que os índices globais da fome permanecem substancialmente elevados, tendo inclusive ultrapassado aqueles previamente reportados pelo GRFC, atingindo cerca de 193 milhões de pessoas em situação de insegurança alimentar aguda e necessitando de assistência urgente em um total de 53 países e territórios. O aumento representa um total de 40 milhões de pessoas em tal situação de vulnerabilidade alimentar quando comparado à 2020.[66]

---

[65] Disponível em: https://www.fao.org/newsroom/detail/global-report-on-food-crises-acute-food-insecurity-hits-new-highs/en

[66] Global Network Against Food Crises (GNAFC). **Global Report on Food Crises: acute food insecurity hits new highs**. Rome, 2022. P. 6.

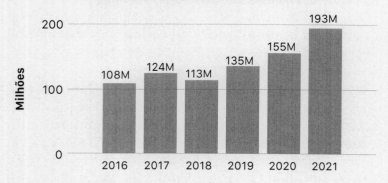

Tabela 1 - Aumento da população em crise alimentar no mundo, segundo os índices IPC/CH Fase 3[67]

Quando observado o caso brasileiro, o contexto da pandemia da COVID-19, congregado à histórica crise econômica e crônica desigualdade do país, revela que apenas quatro em cada dez famílias brasileiras têm pleno e efetivo acesso à alimentação. É dizer, cerca de 33,1 milhões de pessoas não têm a garantia de que contarão com a vital alimentação diária, sendo-lhes negado o direito básico e fundamental à vida e à dignidade humana. A segurança alimentar comprometida de milhões de brasileiros representa ainda uma violação à Lei Orgânica de Segurança Alimentar e Nutricional, especialmente em sua garantia ao direito de todos ao acesso regular e permanente a alimentos de qualidade e em quantidade suficiente, como vimos previamente. Trata-se de aproximadamente o dobro do contingente em situação de fome estimado para o ano de 2020. É o que revela o 2º Inquérito Nacional sobre Insegurança Alimentar[68], publicado em 08 de junho

---

[67] Global Network Against Food Crises (GNAFC). **Global Report on Food Crises: acute food insecurity hits new highs**. Op. Cit., p. 7.

[68] Inquérito Nacional sobre Insegurança Alimentar no Contexto da Pandemia da Covid-19 no Brasil – II VIGISAN. Disponível em: https://olheparaafome.com.br/.

de 2022 e realizado pela Rede PENSSAN[69], em parceria com demais instituições nacionais.

5. O IMPACTO SOCIAL DA DESNUTRIÇÃO NA PRIMEIRA INFÂNCIA

Dos dados analisados no tópico anterior, verifica-se que milhões de crianças, durante um período essencial da sua formação, sofrem diariamente com a fome.

Disso deflui que uma parcela da população mundial em estágio de desenvolvimento apresenta uma insuficiência crônica de calorias e micronutrientes essenciais para uma saúde de qualidade e pleno desenvolvimento físico e cognitivo. O impacto vai além e se desencadeia no alto risco de queda da performance educacional destas crianças, interferindo em suas capacidades de concentração e aprendizado, o que afeta direta suas vidas adultas.

Não é demais registrar que as restrições no desenvolvimento físico e cognitivo decorrente da insegurança alimentar acabam por afastar daquele indivíduo uma gama de possibilidades que deveriam estar disponíveis ao pleno desenvolvimento do ser humano, que inclui dificuldades no convívio e inserção social, nas relações pessoais, em sua inserção no mercado de trabalho, na execução e projeção de atividades intelectuais e científicas de maior complexidade, dentre tantos outros resultados direta e indiretamente decorrentes.

---

[69] A Rede Nacional de pesquisa em SSAN originou-se a partir da instituição do Grupo Pró-Rede de Pesquisadores e Pesquisadoras em SAN, uma articulação prevista em proposições das Conferências Nacionais de SAN e no Seminário de Pesquisa em SAN, realizado em dezembro de 2012 pelo Conselho Nacional de Segurança Alimentar e Nutricional (Consea) em parceria com o Ministério da Ciência, Tecnologia e Inovação (MCTI), Ministério de Desenvolvimento Social e Combate à Fome (MDS) e Ministério das Relações Exteriores (MRE). Sobre a iniciativa, conferir: https://pesquisassan.net.br/historico/.

É dizer, a desigualdade social e econômica que muitas vezes é a principal responsável pela assimétrica distribuição e disponibilidade de alimentos e fontes nutricionais de qualidade ao ser humano é causa e, igualmente, consequência deste ciclo de desigualdades, que se intensifica na vida de milhares de pessoas em situação de insegurança alimentar.

Em termos macroeconômicos e sociais, temos que a deficitária formação de uma considerável parcela da população é capaz de afetar até mesmo o desenvolvimento econômico, posto que são os indivíduos que movimentam e executam as atividades produtivas essenciais à vida social.

A questão ultrapassa a discussão histórica acerca da fome global, cujo enfoque era relativo à quantidade de comida consumida. A desnutrição passou, ao longo dos anos e especialmente a partir dos anos 2000, a ser associada à subnutrição, compreendida como a não obtenção pelo indivíduo não apenas das calorias, mas também dos nutrientes, proteínas, vitaminas e minerais necessários ao pleno desenvolvimento.

Ilustrativo é o fato de que em 2010 estimou-se 2 bilhões de pessoas com quadro de deficiência de ferro, incluindo nesta parcela 42% de mulheres grávidas e 47% de crianças em período pré-escolar, em países em desenvolvimento. Igualmente, 1 bilhão de pessoas apresentava insuficiência de zinco, 750 milhões em iodo e 200 milhões em vitamina A. Estas e outras deficiências em micronutrientes são associadas a fatalidades prematuras de gestantes e crianças anualmente, estimando-se cerca de 3,5 milhões.[70]

---

[70] HENDERSON, Rebecca; FISHER, Noah; SHELMAN, Mary. Royal DSM: fighting hidden hunger. **Harvard Business School**, Estados Unidos, p. 4-5, setembro de 2013.

A tendência é que, daquelas crianças sobreviventes de tal quadro, cerca de 40% a 60% sofram de inadequado desenvolvimento mental, sendo que um terço destas crianças chegam a enfrentar quadros de nanismo. Tal deficiência de vitaminas e nutrientes essenciais é chamada de "fome oculta" (*hidden hunger*) que, além de ocorrer em cerca de 1/3 da população mundial, seu impacto começa desde o início da vida e impede que crianças alcancem suas potencialidades ao longo da vida. As consequências da "fome oculta" e deficiências de micronutrientes são das mais diversas, indo desde quadros de anemia, cegueira, até anormalidades no desenvolvimento cerebral.[71]

Fato é que, a partir do momento em que uma criança é submetida à uma nutrição adequada, o impacto em seu desenvolvimento cerebral é categórico. Para ilustrar o exposto, veja-se abaixo uma foto comparando ressonâncias magnéticas do **cérebro de uma criança** de 10 meses de idade em estado de desnutrição, no momento de início e após 90 dias de um tratamento realizado por cientistas do Departamento de Radiologia e Pediatria da Faculdade de Medicina da *Minia University*, e pelo Departamento de Pediatria da Faculdade de Medicina da *South Valley University*, ambas do Egito:

---

[71] HENDERSON, Rebecca; FISHER, Noah; SHELMAN, Mary. Royal DSM: fighting hidden hunger. Op. Cit., p. 4-5.

Imagem 1 - Ressonâncias magnéticas do cérebro de uma criança de 10 meses de idade em estado de desnutrição, no momento de início e após 90 dias de um tratamento [72]

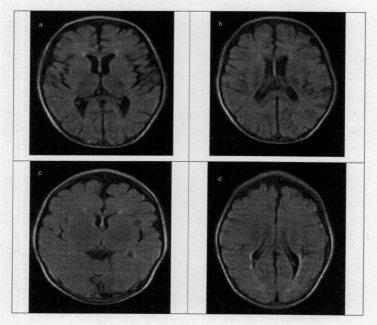

Sendo assim, a alocação de fundos para a nutrição de seres humanos, mediante ações específicas, coordenadas e em

---

[72] As imagens em referência são fruto de um tratamento realizado com dezessete crianças em estado de desnutrição severo, realizado de acordo com o protocolo padronizado da OMS para manejo da desnutrição grave e analisadas em um estudo publicado no Life Science Journal. As imagens "a" e "b" são relativas à ressonância magnética de um paciente de 10 meses de idade, no momento da admissão no tratamento, que apresentava atrofia cerebral precoce na forma de ventrículos dilatados e sulcos corticais proeminentes. As imagens "c" e "d" mostram o mesmo paciente, após 90 dias do tratamento, quando os parâmetros normalizam, ou seja, no momento da resolução dos sinais de atrofia cerebral com tamanho ventricular e sulcos corticais. EL-SHERIF, Ashraf; BABRS, Gihan M.; ISMAIL; Ahlam M. Cranial Magnetic Resonance Imaging (MRI) Changes in Severely Malnourished Children before and after Treatment. **Life Science Journal**, Egito, p. 738-742, 2012.

parceria com Governos, organismos internacionais e empresas, não é apenas um imperativo humanitário. Vai muito além. Trata-se de uma política para um futuro próspero de uma sociedade.

Tanto é a nutrição humana condição *sine qua non* de uma vida digna e próspera que, além de ser um direito humano fundamental, é considerada pelos principais economistas como o melhor investimento que possa ser realizado na saúde global e no desenvolvimento, em suas mais diversas dimensões[73].

6. A IMPORTÂNCIA DE SE IMPLEMENTAR/ VIABILIZAR ALTERNATIVAS ALIMENTARES PARA COMBATER A SUBNUTRIÇÃO

O enfretamento do tema da desnutrição infantil não pode estar descolado da realidade em que vivemos. Como destacamos acima, a chamada de "fome oculta", que corresponde à deficiência de vitaminas e nutrientes essenciais, gera consequências muitas vezes irreversíveis, capazes de impedir que crianças alcancem suas potencialidades ao longo da vida. No entanto, como enfrentar esse problema?

É temerária a crença de que que políticas públicas voltadas ao incentivo e propaganda acerca da importância do consumo de alimentos *in natura*, ricos em vitaminas e minerais, incluindo verduras, legumes e proteínas, poderia resolver o problema da desnutrição. Isso por uma simples razão: a população que está sujeita a uma insegurança alimentar não tem condições econômicas de implementar em seu cardápio diário toda a variedade de nutrientes para o seu pleno desenvolvimento.

---

[73] HENDERSON, Rebecca; FISHER, Noah; SHELMAN, Mary. Royal DSM: fighting hidden hunger. Op. Cit., p. 5.

De acordo com Feike Sijbesma[74] (em depoimento realizado enquanto CEO da DSM – empresa líder mundial em suplementos vitamínicos, de enzimas e outros ingredientes funcionais para alimentos), especialistas do Consenso de Copenhague calculam que a cada $100 (cem dólares) direcionados por governos ou doadores em intervenções de micronutrientes nas dietas dos indivíduos, renderam-se mais de $1.700 (um mil e setecentos dólares) de benefícios, incluindo redução de gastos e investimentos em planos de saúde ou assistência médica, além de uma maior produtividade.

Nesse contexto, é dever do Estado criar políticas de suplementação capazes de suprir essa falta de acesso, pela população mais carente, de fontes nutricionais básicas para a sua população. Afinal, é inequívoco que garantir à população o acesso adequado aos micronutrientes necessários gera impactos econômicos positivos.

Como exemplo dessas políticas, podemos citar o processo de fortificação de alimentos básicos com micronutrientes vitais (como o arroz, por exemplo),[75] após a colheita e moagem – tal como recomendado pela OMS.[76] Trata-se de estra-

---

[74] HENDERSON, Rebecca; FISHER, Noah; SHELMAN, Mary. **Royal DSM: fighting hidden hunger**. Op. Cit, p. 3.

[75] A DSM é a empresa pioneira na implementação do método de fortificação do arroz por extrusão a quente. Trata-se de um método robusto e econômico de adição de vitaminas e minerais ao arroz que permite, por sua vez, que sejam adicionados ao alimento outros nutrientes, como fibras e aminoácidos, a fim de aumentar o valor nutricional geral do produto. Os nutrientes podem ser adicionados ao arroz em um processo simples compreendido em duas etapas. Na primeira, os grãos de arroz quebrados são moídos em uma farinha de arroz, sendo misturados com água, vitaminas, minerais e/ou outros nutrientes para produzir uma massa de arroz. Na segunda, esta massa de arroz fortificada é passada através de uma extrusora para produzir os grãos fortificados, que são então misturados com arroz para produzir o produto final. DSM. *Fortified kernels: Making rice more nutritious*, 2017.

[76] MUTHAYYA, S. et al. **An overview of global rice production, supply, trade, and consumption**. Ann N Y Acad Sci., vol. 1324, n. 1, p.

tégia eficiente para reduzir as deficiências nutricionais e melhorar os índices de ingestão de micronutrientes de milhões de pessoas, uma vez que o arroz é o alimento básico mais consumido do mundo.

Em perspectiva mais aproximada da nutrição durante a primeira infância, e ainda realizada através de estratégias científicas e tecnológicas que objetivam o aprimoramento da nutrição nesse período, destaca-se a estratégia das vitaminas e minerais em pó, também chamados de pós de micronutrientes (*micronutriente powders* – MNPs). Os MNPs são projetados para corrigir deficiências de micronutrientes, melhorando o perfil nutricional de alimentos. No caso da Primeira Infância, a tecnologia é cientificamente comprovada em sua capacidade de fornecer nutrientes que bebês e crianças necessitam para garantir seu adequado crescimento e desenvolvimento nesse período.

Não se ignora que o leite materno representa o padrão ouro de nutrição infantil, conforme recomendação da OMS. Contudo, nem sempre o aleitamento materno se mostra viável. Ademais, a partir dos seis meses de vida, quando ocorre a introdução alimentar, os MNPs podem ser utilizados nos casos em que, por condições econômicas e sociais, o bebê se encontre em condições de subnutrição ou deficiência nutricional.

Os MNPs são geralmente fornecidos em sachês de dose única e utilizados com alimentos semissólidos, ou em porções múltiplas para, além do uso doméstico, serem utilizadas em programas de alimentação escolar. O *Home Fortification Technical Advisory Group* (HF-TAG) promove a utilização de fórmulas contendo os quinze principais micronutrientes necessários. Contudo, a estratégia pode ser reformulada e customizada de acordo com as necessidades individuais.

7-14, 2014. World Food Programme. *Rice Fortification*. Disponível em: https://innovation.wfp.org/project/rice-fortification. Acesso realizado em 13.06.2022.

Ilustrativo da efetividade das fórmulas nutricionais foi sua recomendação, pela OMS, na utilização de sachês de micronutrientes em pó a ser adicionado na alimentação infantil, integrado às ações de atenção básica à saúde e adoção de uma dieta saudável, como estratégia de prevenção e controle de anemia e deficiência de ferro na infância.

Sendo assim, as fórmulas e fortificação de alimentos são estratégias eficazes (e complementares) no combate à subnutrição na primeira infância, mas sua correta implementação exige a colaboração das principais partes interessadas em escala local, nacional e global.

7. CONCLUSÃO

O presente artigo buscou estabelecer um breve estudo e análise acerca dos direitos fundamentais da Primeira Infância, especialmente no que tange à garantia e efetivação do direito à segurança alimentar nesse período essencial para a formação e desenvolvimento humano.

Sendo o Biodireito um ramo do direito diretamente ligado à vida,[77] assim compreendida desde a concepção, passando pela gestação, o nascimento, e até o seu momento final (a morte), verifica-se que o estudo do Biodireito atravessa os temas relacionados ao período da Primeira Infância.

Dada a relevância dessa fase inicial para o desenvolvimento físico e mental do indivíduo, mostra-se imprescindível que o Direito (ou o Biodireito) implemente regras eficientes de preservação da dignidade humana dessas pessoas – o que passa pela implementação de programas com foco na garantia, dentre outros aspectos, de uma nutrição adequada.

Isso porque, ficou constatado que a subnutrição infantil deixa marcas irreversíveis no desenvolvimento cerebral do indivíduo – o que muitas vezes o torna incapaz, fisicamente,

---

[77] MALUF, Adriana Caldas do Rego Freitas Dabus. *Curso de Bioética e Biodireito*. São Paulo: Atlas, 2015, p. 3.

de se desenvolver plenamente. Aí a relação existente entre o Biodireito, a segurança alimentar na Primeira Infância e a preservação da dignidade da pessoa humana.

Nesse contexto, é dever do Estado criar políticas de suplementação capazes de suprir essa falta de acesso, sobretudo da população mais carente, de fontes nutricionais básicas para a sua população. Afinal, é inequívoco que garantir à população o acesso adequado aos micronutrientes necessários e básicos é, ao mesmo tempo, garantir a preservação da dignidade da pessoa humana.

BIBLIOGRAFIA

Como prevenir a anemia e outras deficiências de nutrientes na infância: a fortificação da alimentação com o sachê de micronutrientes pode ser uma alternativa. **Boletim ENFAC.** Brasília, 2014. Disponível em: chrome-extension://efaidnbmnnnibpcajpcglclefindmkaj/ http://189.28.128.100/dab/docs/portaldab/documentos/boletim_enfac2014.pdf. Acesso realizado em 13.06.2022.

FAO. **The state of food security and nutrition in the world: Transforming food systems for food security, improved nutrition and affordable healthy diets for all.** Rome; 2021. P. 8. Disponível em: https://www.fao.org/newsroom/detail/global-report-on-food-crises-acute-food-insecurity-hits-new-highs/en. Acesso realizado em 14.05.2022.

Global Network Against Food Crises (GNAFC). **Global Report on Food Crises: acute food insecurity hits new highs.** Rome, 2022. P. 6.

GONÇALVES, Eloisa Cristina *et al*. Bioética e direito humano à alimentação adequada na terapia nutricional enteral. **Revista Bioética**, Brasília, vol. 26, n. 2, p. 260-270, Abr./Jun. 2018. Disponível em: chrome-extension://efaidnbmnnnibpcajpcglclefindmkaj/https://www.scielo.br/j/bioet/a/kvjjSknVSzLyxNQrCHSC5BS/?format=pdf&lang=pt. Acesso realizado em 07.06.2022.

GOVERNO FEDERAL. A Primeira Infância. **Ministério da Cidadania.** Disponível em: http://mds.gov.br/assuntos/crianca-feliz/crianca-feliz/a-primeira-infancia. Acesso realizado em 16.05.2022.

HENDERSON, Rebecca; FISHER, Noah; SHELMAN, Mary. Royal DSM: fighting hidden hunger. **Harvard Business School**, Estados Unidos, p. 4-5, setembro de 2013.

MALUF, Adriana Caldas do Rego Freitas Dabus. *Curso de Bioética e Biodireito.* São Paulo: Atlas, 2015, p. 3.

MUTHAYYA, S. et al. **An overview of global rice production, supply, trade, and consumption.** Ann N Y Acad Sci., vol. 1324, n. 1, p. 7-14, 2014. World Food Programme. *Rice Fortification.* Disponível em: https://innovation.wfp.org/project/rice-fortification. Acesso realizado em 13.06.2022.

OLIVEIRA, A. A. S. Interface entre a bioética e direitos humanos: o conceito ontológico de dignidade humana e seus desdobramentos. **Revista Bioética**. (Impr.), p. 170-185, 2007.

OMS: para crescerem saudáveis, crianças devem sentar menor e brincar mais. **ONU**, 25 de abril de 2019. Disponível em: https://news.un.org/pt/story/2019/04/1669601. Acesso realizado em 26.05.2022.

Primeira Infância: o que é e quais são os impactos na vida adulta. **Todos pela Educação**. 12 de julho de 2018. Disponível em: https://todospelaeducacao.org.br/noticias/perguntas-respostas-o-que-voce-precisa-saber-sobre-primeira-infancia/. Acesso realizado em 15.05.2022.

UNICEF BRASIL. Desenvolvimento infantil. Disponível em: https://www.unicef.org/brazil/desenvolvimento-infantil. Acesso realizado em 15.05.2022.

World Food Programme. *A chance for every schoolchild: partnering to scale up School Health and Nutrition for Human Capital.* Janeiro de 2020. Disponível em: chrome-extension://efaidnbmnnnibpcajpcglclefindmkaj/https://docs.wfp.org/api/documents/WFP-0000112101/download/. Acesso realizado em 13.06.2022.

RECUSA DE SEGURO PARA FINANCIAMENTO IMOBILIÁRIO POR DOENÇA PRÉ-EXISTENTE

TATIANA GIORGINI FUSCO CAMMAROSANO[78]

1. INTRODUÇÃO

A casa própria é um sonho que todas as pessoas querem ter, já que ela representa independência financeira, patrimônio e segurança. Porém, comprar um imóvel não é algo simples ou trivial. Imóveis são bens complexos, que exigem algum conhecimento técnico (ao menos para avaliar a propriedade) e paciência para lidar com a burocracia. Somando-se a isso, há a questão do preço: uma propriedade tem um alto custo, mais do que a maioria da população conseguiria juntar ao longo da vida para realizar um pagamento à vista.

Para facilitar a aquisição da casa própria, no curto prazo, a compra de um imóvel é feita de forma parcelada, e grande parte da população recorre aos bancos em busca do financiamento.

---

[78] Graduada em Direito pela Faculdade de Direito de São Bernardo do Campo. Graduada em Farmácia e Bioquímica pela PUC-Campinas. Pós-graduada em MBA em Gestão Empresarial pela FGV-SP, especialista em Farmácia Hospitalar e Farmácia Clínica em Oncologia. É integrante da Cammarosano Advogados Associados. Atua como Vice-tesoureira do Instituto CEDDE (Centro de Estudos de Direito e Desenvolvimento do Estado). É Conselheira Seccional da OAB-SP (Gestão 2022-2024). Cel e Whatssap: (11) 99163-6941, e-mail: tatianacammarosano@adv.oabsp.org.br

No Brasil, o financiamento imobiliário iniciou-se na vigência do regime militar, durante o governo do Marechal Humberto Castello Branco que em 21 de agosto de 1.964 sancionou a Lei Federal nº 4.380 que instituiu a Correção Monetária nos contratos Imobiliários de Interesse Social, o Sistema Financeiro para aquisição da casa própria, criou o Banco Nacional de Habitação (BNH), além das Sociedades de Crédito Imobiliário, as Letras Imobiliárias, o Serviço Federal de Habitação e Urbanismo com a intenção de expandir a política nacional de habitação, de planejamento territorial, coordenação à ação de órgãos públicos e a orientação à iniciativa privada, visando estimular a construção de habitações de interesse social e o financiamento para aquisição da casa própria[79]. Essa atividade, hoje é regulada pelo Banco Central (BC) e pelo Conselho Monetário Nacional (CMN).

A Caixa Econômica Federal (CEF), atualmente, ocupa o status de principal banco público no setor de financiamento imobiliário do país.

Aquele que pretende adquirir um imóvel através do financiamento, deve se ater ao fato de que se trata de uma modalidade de longo prazo, em que os contratos podem demorar até 35 anos para terminar.

O valor financiado em operações do Sistema Financeiro de Habitação (SFH) não poderá exceder 80% do valor de avaliação do imóvel, podendo financiar a aquisição de imóveis residenciais novos avaliados em até R$ 1,5 milhão. Além disso, uma das exigências para se conseguir o financiamento é a contratação de um seguro, exigência esta contida na Lei 4.380/64 que trata do Sistema Financeiro de Habitação e que rege a maioria dos financiamentos imobiliários no país.

---

[79] FERREIRA, Yuri Alencar. *Financiamento Habitacional no Brasil: Uma Análise Histórica dos Principais Contribuintes na Política de Habitação*. Departamento de Engenharia Civil e Ambiental da Universidade Federal da Paraíba. Trabalho de Conclusão de Curso. 2020, p.18-19. Disponível em: https://repositorio.ufpb.br/jspui/bitstream/123456789/22893/1/TCC_IURY%20ALENCAR%20FERREIRA.pdf . Acesso em: 10/07/2022

Esse seguro visa garantir a quitação do empréstimo com as instituições que cederam o crédito ou para cobertura em caso de danos inesperados ao imóvel. Assim, há duas formas de cobertura: uma para morte e invalidez permanente e outra para danos físicos no imóvel, com quitação total ou parcial do saldo devedor do financiamento.

No que diz respeito ao presente tema, vamos tratar apenas do Seguro de Morte e Invalidez Permanente (MIP)

2. SEGURO DE MORTE E INVALIDEZ PERMANENTE (MIP)

Esse tipo de seguro quita o saldo devedor do financiamento imobiliário ou o crédito com garantia de imóvel em caso de falecimento do contratante, invalidez permanente, ou de um dos integrantes da renda familiar, quando o contrato indicar que mais de uma pessoa compõe a renda para o pagamento. A alíquota do seguro MIP é calculada com base na faixa etária do cliente.

Nos empréstimos que apresentam mais de uma pessoa na constituição de renda, o contrato irá sinalizar o percentual de cobertura para cada integrante. Assim, se um dos contratantes vier a falecer, só haverá cobertura do percentual correspondente a ele, subsistindo o restante do débito.

As indenizações são restritas ao valor máximo da garantia contratada, caso aconteça uma das ocorrências cobertas pelo contrato de seguro. Para que o pagamento da apólice seja feito, também é necessário garantir que as cláusulas e condições previstas no contrato sejam cumpridas.

Quando o seguro é assinado com o banco, o valor acaba sendo inserido no pagamento das parcelas do financiamento.

Embora o seguro seja uma exigência legal, é importante entender que traz segurança tanto para o comprador do imóvel quanto para o banco, porque reduz riscos, refletindo no custo do financiamento.

3. DOENÇA PRÉ-EXISTENTE COMO CAUSA DE EXCLUSÃO DA COBERTURA DO SEGURO

A constatação de doença preexistente à assinatura do contrato é causa de exclusão da cobertura do seguro.

Segundo pacífico entendimento do Tribunal Regional Federal da 4ª Região e do STJ,

> a seguradora, ao receber o pagamento do prêmio e concretizar o seguro, sem exigir exames prévios, responde pelo risco assumido, não podendo esquivar-se do pagamento da indenização, sob a alegação de doença preexistente, salvo se comprovada a deliberada má-fé do segurado[80].

Abaixo, segue a Súmula 609 do STJ:

"A recusa de cobertura securitária sob a alegação de doença preexistente é ilícita se não houve a exigência de exames prévios à contratação ou a demonstração de má-fé do segurado."

Esse entendimento é baseado no fato de que se o mutuário possui doença antes da assinatura de um contrato de financiamento, a probabilidade de o sinistro ocorrer é muito superior se comparado com uma pessoa em perfeito estado de saúde, razão pela qual é imprescindível que o prêmio reflita nesse sentido;

4. CASOS CONCRETOS

CASO 1

"SEM MÁ-FÉ DO SEGURADO, OMISSÃO DE DOENÇA PREEXISTENTE NÃO IMPEDE COBERTURA DO SEGURO PRESTAMISTA"

A Terceira Turma do Superior Tribunal de Justiça (STJ) modificou acórdão do Tribunal de Justiça do Rio Grande do Sul (TJRS) que julgou improcedente a cobertura de seguro prestamista no caso de segurado que ocultou ter cardiopa-

---

[80] AREsp 2022106 SC 2021/0355499-3 - Decisão Monocrática

tia – doença anterior à contratação do seguro e que teria concorrido para a sua morte.

Ao restabelecer a sentença que obrigava a seguradora ao pagamento do seguro, o colegiado concluiu que não houve má-fé do segurado ao responder o questionário de saúde, já que, a seguradora, ao não exigir exame de saúde prévio, assumiu o risco de arcar com eventual prejuízo causado por doença preexistente, nos termos da Súmula 609 do STJ.

Conforme consta no processo, a doença foi descoberta pela seguradora em sindicância. O segurado, no momento da contratação do seguro, em 2012, ao preencher o questionário de saúde, assinalou a opção negativa referente a pergunta a respeito da existência de comorbidades que nos últimos três anos tivesse levado-o a tratamento médico, hospitalização ou intervenção cirúrgica. Três meses depois da assinatura do contrato, ele veio à óbito.

Segundo o TJRS, apesar de a cardiopatia não ter sido a causa do óbito, ela poderia ter sido considerada um importante complicador do estado clínico do segurado, a ponto de intervir nas cláusulas da cobertura e nos valores, caso fosse declarada no momento da assinatura do contrato.

O ministro Paulo de Tarso Sanseverino, relator do recurso impetrado pela família do segurado, afirmou que o homem sabia da doença na data da contratação. A sindicância apurou que desde 2003 o segurado tinha exames indicando a existência da cardiopatia.

Outro problema apontado pelo relator foi que o questionário não perguntava sobre a existência ou não de doença, mas sobre a necessidade do segurado em ter feito tratamento médico nos três anos anteriores à contratação do seguro, o que não ocorreu.

Para o magistrado, não é possível afirmar que o segurado violou a boa-fé objetiva, pois o resultado de seus exames apenas indicava a necessidade de acompanhamento profissional.[81]

---

[81] Esta notícia refere-se ao processo REsp 1753222

> *Assim, não tendo a seguradora exigido a realização de exame de saúde prévio à contratação, e não tendo sido comprovada má-fé do segurado, torna-se descabida a recusa de cobertura, devendo-se reformar o acórdão recorrido, para restabelecer os comandos da sentença.*[82]

Assim, o magistrado concluiu o caso.

CASO 2

SEGURADORA NÃO PODE ALEGAR DOENÇA PREEXISTENTE SEM EXAME PRÉVIO.

O pagamento de seguro de vida, sob a alegação de doença preexistente, só pode ser recusado pela seguradora, se exigir do segurado exames clínicos prévios. A Justiça de São Paulo, com esse entendimento, determinou que uma seguradora que havia recusado o pagamento administrativamente, arcasse com o seguro de vida.

No caso, ocorrido em 2019, dois anos depois de contratar o seguro de vida, uma mulher morreu em razão de um câncer. Com o falecimento, os familiares solicitaram o pagamento do seguro, que foi recusado pela seguradora sob o argumento de doença preexistente.

Segundo a seguradora, no momento da contratação, a segurada teria omitido a doença e, devido a isso, os beneficiários não teriam direito ao recebimento do seguro de vida.

Diante desta situação, os beneficiários ingressaram na Justiça, alegando que a negativa de pagamento não se sustentava, uma vez que a seguradora não solicitou a apresentação de exame médico prévio e a doença somente foi diagnosticada após a contratação do seguro, não havendo, portanto, prova de má-fé por parte da segurada.

Na ação, foi destacado também o teor da Súmula 609 do Superior Tribunal de Justiça, que define que: "A recusa de cobertura securitária, sob a alegação de doença preexistente,

---

[82] 5 SANSEVERINO, Paulo de Tarso. REsp 1753222

é ilícita se não houve a exigência de exames médicos prévios à contratação ou a demonstração de má-fé do segurado".

A juíza Denise Cavalcante Fortes Martins, da 1ª Vara Cível de São Paulo, analisando o caso, determinou o pronto pagamento do seguro de vida, alegando que: "A doença preexistente não parece ser motivo suficiente para a recusa ao pagamento da indenização securitária, se a seguradora não realizou o exame de saúde do contratante do seguro".

Em sua decisão, a magistrada frisa que, além de não exigir o exame, a seguradora não se contrapôs no momento da contratação, e tampouco no momento em que recebeu as mensalidades do prêmio. "Somente após o falecimento da segurada que a ré se manifestou no sentido de fazer valer a cláusula prevista em contrato, negando a cobertura do sinistro, flagrante o comportamento contraditório"[83].

CASO 3

CAIXA É CONDENADA A QUITAR CONTRATO HABITACIONAL DE SEGURADO QUE RECEBIA AUXÍLIO DOENÇA E FOI APOSENTADO POR INVALIDEZ.

A Primeira Turma do Tribunal Regional Federal da 3ª Região (TRF3) condenou a Caixa Econômica Federal a quitar um contrato de mútuo habitacional vinculado ao Programa Minha Casa Minha Vida, após o contratante ter se aposentado por invalidez permanente.

O colegiado decidiu que o banco não conseguiu comprovar a má-fé do contratante, assumindo o risco de arcar com o prêmio, ao firmar o seguro sem exigir exames prévios.

Em agosto de 2010, foi firmado um contrato onde estava prevista a assunção do saldo devedor do financiamento pelo Fundo Garantidor da Habitação Popular (FGHab) em caso de morte e invalidez permanente do fiduciante. Sobreveio o

---

[83] 6 Essa notícia refere-se ao processo de nº 1092914-96.2019.8.26.0100 do Tribunal de Justiça de São Paulo.

óbito do contratante e a Caixa se negou a dar a quitação ao contrato alegando doença preexistente, já que o autor recebia auxílio-doença desde abril de 2008, resultando na aposentadoria por invalidez permanente em outubro de 2011.

O desembargador federal Hélio Nogueira, no julgamento do recurso no TRF3, declarou que "a seguradora não pode alegar doença preexistente a fim de negar cobertura securitária nos casos em que recebeu pagamento de prêmios e concretizou o seguro sem exigir exames prévios".

O voto baseou-se no fato de que a seguradora, ao receber o pagamento do prêmio e firmar o seguro, sem exigir exames prévios, responde pelo risco assumido, não podendo se abster de realizar o pagamento da indenização sob o argumento de doença preexistente, exceto se comprovar a má-fé do segurado, conforme entendimento pacificado no Superior Tribunal de Justiça (STJ, 3ª Turma, REsp 777. 974/MG).

Esse entendimento somente mudaria, na visão do relator, se houvesse comprovação, no momento da contratação do financiamento, da existência da má-fé do mutuário, ciente da doença incapacitante, com o objetivo de obter precocemente a quitação do contrato. Os documentos, segundo o magistrado, "não lograram demonstrar a má-fé do segurado pela omissão de doença preexistente, nem tampouco a exigência de exames prévios por parte da administradora do FGHab".

De acordo com o que sustenta o desembargador, "a suposição de que o mutuário tenha contratado o financiamento em 2010 almejando premeditadamente sua quitação antecipada, um ano depois da contratação, é presunção de má-fé, vedada pelo ordenamento jurídico".

A jurisprudência citada pelo magistrado traz que:

> No seguro habitacional, é crucial que a seguradora, desejando fazer valer cláusula de exclusão de cobertura por doença preexistente, dê amplo conhecimento ao segurado, via exame médico prévio, sobre eventuais moléstias que o acometam no ato de conclusão do negócio e que, por tal motivo, ficariam excluídas do objeto do contrato. Essa informação é imprescindível para que o segurado saiba, de ante-

mão, o alcance exato do seguro contratado, inclusive para que, no extremo, possa desistir do próprio financiamento, acaso descubra estar acometido de doença que, não abrangida pelo seguro, possa a qualquer momento impedi-lo de dar continuidade ao pagamento do mútuo, aumentando sobremaneira os riscos do negócio.[84] (NOGUEIRA, Hélio. REsp 1074546/RJ, STJ)

Desta forma, concluiu o Magistrado.

REFERÊNCIA BIBLIOGRÁFICA

FERREIRA, Yuri Alencar. *Financiamento Habitacional no Brasil: Uma Análise Histórica dos Principais Contribuintes na Política de Habitação*. Departamento de Engenharia Civil e Ambiental da Universidade Federal da Paraíba. Trabalho de Conclusão de Curso. 2020, p.18-19. Disponível em: https://repositorio.ufpb.br/jspui/bitstream/123456789/22893/1/TCC_IURY%20ALENCAR%20FERREIRA.pdf . Acesso em: 10/07/2022.

FIORAVANTE, D.; FURTADO, Bernardo Alves. *Crédito imobiliário. Financiamento do desenvolvimento no Brasil*. Brasília, Ipea, 2018. Disponível em: https://www.researchgate.net/profile/Bernardo-Furtado 2/publication/349033352_Credito_imobiliario/links/601bec2092851c4ed549812d/Credito-imobiliario.pdf . Acesso em 10/07/2022.

PINTO, Ewerton Gouveia Ferreira. *Financiamento imobiliário no Brasil: uma análise histórica compreendendo o período de 1964 a 2013, norteada pelo arcabouço teórico pós-keynesiano e evolucionário*. Economia E Desenvolvimento, 27(2). Disponível em https://doi.org/10.5902/1414650921103. Acesso em 10/07/2022.

ROVER, Tadeu. *Seguradora não pode alegar doença preexistente sem exame prévio*. Revista **Consultor Jurídico**, 5 de abril de 2020.**Disponível em:** https://www.conjur.com.br/2020-abr-05/seguradora-nao-alegar-doenca-preexistente-exame-previo *Acesso em: 01/05/2022.*

---

[84] Esta notícia refere-se ao processo Apelação Cível nº 0002846-50.2015.4.03.6141/SP do Tribunal Regional Federal da 3ª Região TRF3, Apelação Cível nº 0002846-50.2015.4.03.6141/SP. Disponível em : https://www.aasp.org.br/noticias/trf-3a-caixa-e-condenada-a-quitar-contrato-habitacional-de-segurado-que-recebia-auxilio-doenca-e-foi-aposentado-por-invalidez/ Acesso em 28/07/2022.

STJ, AREsp 2022106 SC 2021/0355499-3 - Decisão Monocrática

Disponível no endereço eletrônico: https://stj.jusbrasil.com.br/jurisprudencia/1466924330/agravo-em-recurso-especial-aresp-2022106-sc-2021-0355499-3/decisao-monocratica-1466924433#:~:text=entendimento%20pac%C3%ADfico%20do%20STJ%2C%20v%C3%AAm,comprove%20a%20deliberada%20m%C3%A1%2Df%C3%A9 Acesso em 16/07/2022.

STJ, REsp 1753222/RS. Rel. Ministro Paulo de Tarso Sanseverino. 2021. Disponível em: https://www.stj.jus.br/sites/portalp/Paginas/Comunicacao/Noticias/10052021-Sem-ma-fe-do-segurado--omissao-de-doenca-preexistente-nao-impede-cobertura-do-seguro-prestamista.aspx Acesso em 28/07/2022.

SELEÇÃO DE RISCO – DA ARBITRARIEDADE À IMORALIDADE

LUIS HONORIO[85]
RENATA BERNARDIS[86]

O direito à saúde é sabidamente resguardado pela Constituição Federal, sendo originariamente responsabilidade do Estado, conforme artigo 196.

> Art. 196. A saúde é direito de todos e dever do Estado, garantido mediante políticas sociais e econômicas que visem à redução do risco de doença e de outros agravos e ao acesso universal e igualitário às ações e serviços para sua promoção, proteção e recuperação.[87]

---

85 Advogado Especialista em Assuntos Regulatórios. Pós-graduado em Gestão Pública em Saúde. Pós-graduando em Direito Regulatório e Sanitário. Membro da Comissão Especial de Bioética e Biodireito e da Comissão de Direito Médico da OAB/SP. Membro da Associação Brasileira de Relações Institucionais e Governamentais – Abrig. Professor convidado. // luis.h.honorio@gmail.com

86 Pós-graduanda em Bioética; Membro da Comissão Especial de Bioética e Biodireito, da OAB/SP; Membro da Comissão Especial de Direito Administrativo da OAB/SP; pós-graduanda em Direito Digital e; pós-graduada em Direito Público. Também jornalista, com passagem por alguns dos principais veículos de comunicação do País // renata@rbernardis.adv.br

87 BRASIL. [Constituição (1988)]. Constituição da República Federativa do Brasil de 1988. Brasília, DF: Presidente da República, [2016]. Disponível em: http://www.planalto.gov.br/ccivil_03/constituicao/constituicao.htm. Acesso em 02 out. 2022.

Cabe ressaltar que, a Constituição, em seu artigo 199, também possibilita a atuação da iniciativa privada na promoção à saúde:

> Art. 199. A assistência à saúde é livre à iniciativa privada[1].

Nesse sentido, ao permitir a atuação e exercício da iniciativa privada em atividade típica da administração pública, o Estado deve regular e fiscalizar a atuação para assegurar a qualidade e legalidade na prestação do serviço, bem como combater a assimetria de informações e fomentar o desenvolvimento do mercado.

Partindo dessa premissa e considerando que o Direito à saúde decorre de uma obrigação originária Estatal, bem como o atual estado democrático de Direito, compreende-se que qualquer cidadão pode utilizar o serviço do Sistema Único da Saúde (SUS) ou contratar um plano de saúde, sendo tal preceito, inclusive, decorrente do princípio constitucional de que todos são iguais perante a Lei.

Isto posto, no tocante aos planos de saúde, vale salientar que o ato da contratação deve ser livre de qualquer restrição, ou seja, todos os cidadãos, independentemente de condição social, de saúde ou idade, possuem o direito de contratar um plano, salvo quando se trata de contratação de plano coletivo por adesão ou empresarial, situações que demandam observação aos requisitos de elegibilidade previstos em lei.

De todo modo, é importante rememorar que antes da criação da Agência Nacional de Saúde Suplementar (ANS), não eram raros os exemplos de condutas abusivas pelos planos de saúde. Na hipótese de o consumidor apresentar qualquer patologia ou condição que pudesse representar risco de prejuízo assistencial, ou seja, aumento da sinistralidade, a operadora poderia simplesmente negar a contratação.

Desde a criação da lei dos planos de saúde (Lei 9.656/98) e da Agência Nacional de Saúde Suplementar (ANS), o estado elaborou mecanismos para minimizar tais práticas discriminativas, denominadas como seleção de risco.

Diante do exposto, em decorrência de reclamações dos consumidores nesse sentido, se fez necessário o posicionamento normativo do órgão regulador por meio da Súmula 27, que veta de maneira clara, a conduta de seleção de risco, impondo às operadoras a multa no valor de R$ 50.000,00 (cinquenta mil reais), em caso de descumprimento, nos termos do art. 57 da RN 489/22.

> Ingresso de Beneficiário em Plano
> Art. 57. Impedir ou restringir a participação de beneficiário em plano privado de assistência à saúde: Sanção - advertência; multa de R$ 50.000,00 [88]

Contudo, embora haja previsão legal de vedação, algumas operadoras mantêm condutas incompatíveis com a regulação.

É importante frisar que, do ponto de vista médico, não há conceito que defina a noção de "doença preexistente". Isto porque tal termo foi criado pelas empresas operadoras de planos e seguro de saúde para inviabilizar a cobertura de doenças que o consumidor já possuía anteriormente à contratação do plano ou seguro saúde[89]. No entanto, como já dito, a legislação incorporou tal premissa conceituando a doença preexistente como "aquela que o consumidor ou seu responsável saiba ser portador ou sofredor à época da contratação do plano" (Art. 1º, Resolução nº 2, do Conselho de Saúde Suplementar - CONSU).

A informação sobre a existência de uma Doença ou lesão preexistente (DLP) deve ser realizada pelo próprio beneficiário no ato da contratação do plano de saúde, por meio da Declaração de Saúde (DS) - formulário redigido pela operadora em linguagem simples, contendo campos para inserir doen-

---

[88] BRASIL. Resolução Normativa – RN nº 489, de 29 de março de 2022. Ministério da Saúde – MS. Agência Nacional de Saúde Suplementar – ANS. Disponível em: https://www.ans.gov.br/component/legislacao/?view=legislacao&task=textoLei&format=raw&id=NDE0OQ==

[89] https://idec.org.br/consultas/dicas-e-direitos/tenho-uma-doenca-preexistente-que-restricoes-posso-sofrer

ças ou lesões das quais o consumidor, e seus dependentes, saibam ser portadores, sendo importante ressaltar que, se o consumidor desejar, ele pode obter orientação para preenchimento do documento por um médico indicado pela operadora, sem qualquer custo, ou ainda, buscar profissional de sua escolha, arcando com os custos.

A preexistência de uma patologia incide diretamente sobre os prazos das coberturas parciais temporárias (CPT) estabelecidas pelas operadoras de planos de saúde, sendo certo que para os procedimentos de alta complexidade (PAC) relacionados as patologias informadas pode ser aplicado o prazo de cobertura parcial temporária de até 24 meses[90].

Pela ótica das operadoras é possível compreender que o objetivo dessa normatização é evitar que o plano de saúde seja contratado apenas para cobrir o tratamento de alguma patologia já existente. No entanto, existem casos nos quais há o enquadramento de diversas doenças na alcunha da preexistência de modo a não respeitar a normatização do CONSU e da ANS, que determina que o prazo máximo de cobertura parcial temporária (CPT) só pode ser imposto pelas empresas de planos de saúde se estas comprovarem: (i) que a doença efetivamente era preexistente à contratação do plano e (ii) que o consumidor sabia de sua condição e omitiu tal fato no momento da contratação.

Desta forma, enquanto de um lado, se houver omissão ou ocultação por parte do consumidor acerca de doença da qual saiba ser portador, o contrato pode ser suspenso ou cancelado, após o devido processo junto à ANS - pois os contratos devem ser sempre regidos pelo princípio da boa-fé -, de outro, se a doença já existia no momento da contratação, o entendimento é de que cabe aos planos de saúde, que possuem

---

[90] BRASIL. Resolução Normativa – RN nº 558, de 14 de dezembro de 2022. Ministério da Saúde – MS. Agência Nacional de Saúde Suplementar – ANS. Disponível em: https://www.ans.gov.br/component/legislacao/?view=legislacao&task=textoLei&format=raw&id=NDMzMA==

melhores condições técnicas, exigirem, quando necessária, a realização de perícia médica após a entrevista qualificada que precede a contratação.

> **Súmula 609**: a recusa de cobertura securitária, sob a alegação de doença preexistente, é ilícita se não houve a exigência de exames médicos prévios à contratação ou a demonstração de má-fé do segurado.

Nesse sentido, a jurisprudência atual:

> CIVIL. PLANO DE SAÚDE. COBERTURA. DOENÇA PREEXISTENTE. AUSÊNCIA DE EXAME PRÉVIO. 1. Não se acolhe alegação de doença preexistente se a seguradora não se desincumbiu do ônus de demonstrar que realizou exames médicos antes da contratação para se constatar a moléstia. 2. Recurso não provido. (TJ-DF 20090111200002 DF 0060408-70.2009.8.07.0001, Relator: JOÃO MARIOSI, Data de Julgamento: 01/03/2012, 3ª Turma Cível, Data de Publicação: Publicado no DJE: 16/03/2012. Pág.: 103)
>
> "AGRAVO REGIMENTAL. PLANO DE SAÚDE. COBERTURA. DOENÇA PREEXISTENTE. BOA FÉ E AUSÊNCIA DE EXAME PRÉVIO. RECUSA. ILÍCITA. DECISÃO UNIPESOAL ART. *557, CPC.* – E ilícito ao relator negar seguimento a recurso que esteja em descompasso com a jurisprudência do STJ. É ilícita a recusa da cobertura securitária, sob a alegação de doença preexistente à contratação do seguro-saúde, se a Seguradora não submeteu a segurada a prévio exame de saúde e não comprovou a má-fé. Precedentes. (*AgRg no Ag 973.265/SP*, Rel. Min. HUMBERTO GOMES DE BARROS, DJ17.3.08)."
>
> "Não é possível presumir-se a má-fé da segurada sobre a pré-existência da doença sem respaldo em prova técnica e, ainda, neste caso, sem que sequer tenha sido alegada e demonstrada pela seguradora" (*Resp 617239/MG*, Ministro CARLOS ALBERTO MENEZES DIREITO, j. 14/09/2004).

Portanto, o ônus da prova perante a preexistência de doenças e da má-fé do consumidor em ocultá-las ou omiti-las é da operadora de planos e de seguro saúde.

Ademais, mesmo existindo real cobertura parcial temporária (CPT), a vida humana, é considerada prevalente, no âmbito judicial, como se vê:

EMENTA: PROCESSO CIVIL. APELAÇÃO. PLANO DE SAÚDE. COBERTURA. DOENÇA PREEXISTENTE. CUMPRIMENTO PARCIAL CARÊNCIA. URGÊNCIA. DEMONSTRADA. HONORÁRIOS SUCUMBENCIAIS. Se restar demonstrado nos autos a urgência da cirurgia é de se flexibilizar a carência mencionada no contrato, em prevalência à vida humana. Neste sentido, vem decidindo o Superior Tribunal de Justiça, em unanimidade. Os honorários deverão ser fixados com base no proveito econômico e não no valor dado à causa, quando for possível aquilatá-lo, a teor do que dispõe o art. 85 do CPC. (TJ-MG - AC: 10572150011425003 MG, Relator: Amauri Pinto Ferreira, Data de Julgamento: 01/02/2018, Data de Publicação: 16/02/2018)

Do contrário haveria ofensa ao princípio da dignidade humana, exatamente o contrário do que a Bioética hoje preconiza, afinal ao passo em que orienta a humanidade em uma direção mais cautelosa perante os avanços biotecnológicos, sempre sob o condão dos valores positivados na Constituição Federal – responsável por garantir respeito às liberdades individuais e coibir abusos contra a espécie humana -, a bioética estabelece a licitude e a ilicitude das possibilidades experimentais e tecnológicas referentes à vida humana.

Em conclusão, embora o atual posicionamento da Agência Nacional de Saúde Suplementar (ANS) tenha por intenção mitigar qualquer conduta de discriminação daqueles que demonstram interesse em contratar um plano de saúde, sabidamente, as ações adotadas até o presente momento foram relativamente efetivas em reduzir tal cenário, contudo, tais condutas persistem de maneira velada, ou seja, a regulação, bem como, a fiscalização não estão sendo eficazes para solucionar o quadro de eventual seleção de risco, no momento da contratação do plano de saúde, a partir das condições clínicas dos beneficiários.

Sendo assim, recomenda-se que o órgão regulador adote mecanismos mais rigorosos para combater essa realidade, sendo certo que o primeiro passo seria a veiculação de informações a fim esclarecer à sociedade o que significa a conduta de seleção de risco, em segundo passo, se faz necessário orientar quais medidas o consumidor deve realizar na hipótese de sofrer com essa prática abusiva e ilícita. No mais, outra ideia viável seria a apuração de queixas relacionadas ao tema com posterior apresentação do resultado à sociedade com destaque, e ainda, a criação de categoria específica no Índice de Desempenho da Saúde Suplementar (IDSS) a fim de coibir a conduta sob pena de comprometer a posição e imagem da operadora.

Isto porque, tornar público para a sociedade as informações sobre essas práticas irregulares, os direitos dos consumidores, bem como as consequências do ato cometido, é uma forma de conscientizar e empoderar o consumidor, e ao mesmo tempo, criar um mecanismo de fiscalização com a participação ativa social e, por fim, compulsoriamente, autorregular as operadoras de planos de saúde.

- editoraletramento
- editoraletramento.com.br
- editoraletramento
- company/grupoeditorialletramento
- grupoletramento
- contato@editoraletramento.com.br
- editoraletramento

- editoracasadodireito.com.br
- casadodireitoed
- casadodireito
- casadodireito@editoraletramento.com.br